家族でおいしい、身体うれしい！

おきらく麹ごはん

のんすけ

JN038962

はじめに

まずは、この本を手にとってくださりありがとうございます。

料理の中で一番苦手なのは

「ピーラーでじゃがいもの皮をむくこと」、のんすけです。

この本は、皆さんの麹調味料のハードルをグンッと下げることを約束します。

「簡単×おいしい×身体に良い」

麹調味料は、これらのうれしい三拍子が揃ったお料理を叶えてくれる、魔法のような調味料！

ひょっとしたら、多くの方が

「麹ってハードルが高い」「手間がかかる」「料理が好きな人向け」

だと思っているかもしれません。

でも声を大にして言います！！

麹調味料は、料理が好きな人はもちろん、

料理があまり好きではない人、料理をできるだけ簡単に済ませたい人

にこそ全力でおすすめなんです。

最初の仕込みさえちょこっと頑張れば、

あとはシンプルな工程で、簡単に、いつも以上においしい料理を

作ることができます。

料理はできるだけ簡単がいい。

でも、子どもも大人も「ちゃんとおいしい」はゆずれない。

そしてできれば、目で見ておいしいもあるとうれしい。

この本では、そんな 手軽さとおいしさとおいしそうさ（笑）、

そしてゆる腸活も叶う、身体にやさしいレシピを集めました。

魔法のような麹調味料の世界へ、いざ〜！

のんすけ

この本について

- 麹って難しそう…
- 手間ひまかかる…
- 家族が食べてくれる？

そんな不安を
ふきとばす！

手軽に作れて家族みんなが喜ぶ

麹調味料のレシピ本

です!!

この本の
構成をご紹介!!

麹調味料の作り方と
それを使ったレシピが載っています!

(塩麹の作り方がわかる!)

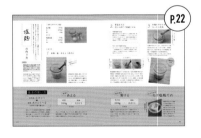
P.22

→

(塩麹のレシピがいっぱい!)

P.28
P.38

＼8種の麹調味料の作り方を掲載／

塩麹	レモン or ゆず塩麹	醤油麹	コンソメ麹
中華麹	焼肉のたれ麹	カレールゥ麹	極上の甘麹

麹調味料（8種）の作り方を先に、そのすぐ後にそれぞれの麹調味料を使ったレシピを載せています。麹調味料を作ったら、ぜひそれらを使ったメニューを作ってみてくださいね！

そもそも

麹ってこんなにスゴい！

1. 使うだけでいつもの料理が

ワンランクアップ！

麹調味料自体も旨みたっぷりですが、
麹に含まれる酵素の力で、
肉や魚などのたんぱく質が分解されるから、
麹調味料に漬けるだけで食材がウソみたいにやわらかくなるんです。
さらに、食材の成分を分解して旨みや甘み成分に変えてくれるので、
自然と味わいがプラスされ、グーンとおいしくなります♪

\旨みたっぷりでバッチリ/
味が決まる（P.30）

\酵素パワーでお肉もやわらかくなる（P.64）

2."腸活"が

自然とできて身体にイイ!

麹調味料には、麹の酵素の力で生み出されたオリゴ糖が含まれています。
このオリゴ糖が、腸内の善玉菌の餌になることで腸内の善玉菌を増やし、
腸内細菌のバランスを整えてくれます。
また、食べ物の消化と吸収を高めてくれる酵素のおかげで
胃腸への負担も軽減。腸内環境が整うことで、
免疫力アップ、老化予防、便秘予防 etc.様々な効果が期待できます。

また、代謝を促進してくれるビタミンも豊富なので、
痩せやすい身体づくりにつながり、**血行を良くしてくれる**ことで、
美肌・美髪などの美容効果も抜群です。

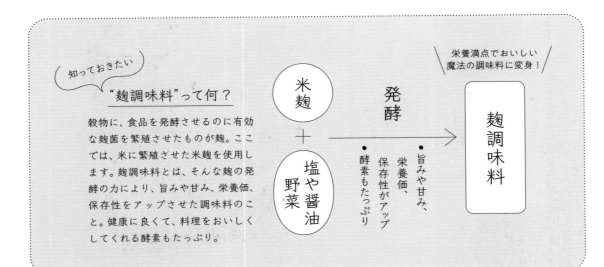

知っておきたい

"麹調味料"って何?

穀物に、食品を発酵させるのに有効な麹菌を繁殖させたものが麹。ここでは、米に繁殖させた米麹を使用します。麹調味料とは、そんな麹の発酵の力により、旨みや甘み、栄養価、保存性をアップさせた調味料のこと。健康に良くて、料理をおいしくしてくれる酵素もたっぷり。

米麹
＋
塩や醤油
野菜

発酵
● 旨みや甘み、栄養価、保存性がアップ
● 酵素もたっぷり

栄養満点でおいしい
魔法の調味料に変身!

麹調味料

使い方が難しそう

淡泊な味で
家族ウケが悪そう

。。こんなに魅力いっぱいなのに…
麹調味料はハードルが高い…
そう思っていませんか？

のんすけのおきらく麹レシピ なら
心配ご無用です！

ちなみに…
麹調味料は冷蔵保存で数週間〜数カ月もち
冷凍保存でさらに長もち
（保存期間が倍くらいに。カチカチには凍らないので使いやすい♪）

家庭料理はもちろん
こんなごちそうメニューも！（P.90）

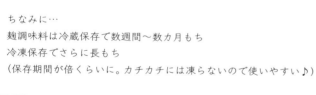

おきらく麹レシピが

ラク〜に作れる理由（ワケ）

難しく考えなくてOK！

1. いつもの調味料を

置き換えるだけでいいんです！

聞き慣れない「麹調味料」への心配はご無用！
使い慣れた一般的な調味料と置き換えるだけでOKです。
用途により、目安の分量が示されているので使い方にも困りません。
いつもの料理を作る手順で、調味料を置き換えるだけなのに、
自然と腸活、そして減塩までできちゃいます。

コンソメ　→　コンソメ麹

焼肉のたれ　→　焼肉のたれ麹

中華だしや
鶏ガラスープの素　→　中華麹

カレールゥ　→　カレールゥ麹

2. あれこれ使わなくても

麹調味料 ひとつで味がキマる！

この本で紹介している麹調味料は、それだけできちんとおいしくなる「隠し味」を詰め込んでいます。だから、あれこれ調味料をプラスしなくてもOK！ スープも、唐揚げも、カレーも。お店級のおいしさがラク〜に手に入ります！

\ 唐揚げの下味も麹調味料ひとつでOK（P.70）/

カレーもシンプルな材料でOK（P.108）、シンプルな作り方、

さらに
なんでも具だくさんで品数が少なくても大満足！

品数が少なくても、メインのおかず、汁もの、ごはんを具だくさんにして栄養バランスを保つのがモットー。だから、我が家の麻婆豆腐には野菜もたっぷり入っているし、究極にラクしたいときは炊飯器任せの炊き込みごはん（P.54〜56）と具だくさんメインの2品です。

野菜がたっぷり入ってます（P.86）

子どもウケも◎な理由

（バッチリ）（ワケ）

1. ベストな配合の麹調味料で

子どもも
大人も **大好きな味** に！

コンソメ麹、中華麹、カレールゥ麹、焼肉のたれ麹は、
麹と野菜の旨みと甘みがたっぷりで、子どもも食べやすい味つけ。
コンソメ麹は玉ねぎや人参を使いますが、子どもが受け入れやすい自然な甘さにしたり、
中華麹はにんにくやしょうがなどの配合を
子どもも辛くないけれど大人も満足できる、絶妙な割合にしたりしています。

大人は、調理の最後に
辛さのあるカレー粉を
チョイ足しすればOK！

たっぷり野菜と米麹で…

中華麹はにんにくと
しょうがの量が絶妙

カレールゥ麹は
辛さなしでも作れる

奥深い味わいの
コンソメ麹が完成

2. 子どもが苦手な野菜は
料理の仕方をひと工夫!

\ 野菜バレせずおいしさアップ（P.28）/

子どもたちが嫌がる食材は、肉や魚などの旨み食材と煮込んでおいしく、やわらかくするか、細かくして存在感を消して一工夫！　例えば、ハンバーグの玉ねぎの食感が苦手なら、みじん切りではなくすりおろしにして、炒める手間を省きつつ、食材の旨みやジューシーさをアップさせます。

\ 肉の旨みを吸った椎茸がかくれんぼ（P.50）/

家族が
やみつき！

さあ！ おいしくって健康的な

麹ごはん生活を

おきらくにはじめましょう♪

目次

この本の使い方

無理なく「おきらく」に使ってください

 がついているレシピには、麹調味料を一般的な調味料で代用して
作れるパターンも載せています。

麹調味料で作る方がよりおいしいですし、
麹調味料のレシピ本なのに何故？と思うかもしれませんが、
1〜2種類の麹調味料だけ使っている方や
麹調味料を切らしていてなかなか作る時間がとれない方でも、
いつでも作れるレシピをたくさん紹介したいという思いからです。

腸活にストレスは大敵です。できるときに無理なく、
楽しく麹調味料を作ってもらえたらうれしいです。

※ コンソメや鶏ガラスープの素はレシピの分量を目安に、
お使いのものに合わせて量を調整してください。
※ 塩麹、醤油麹はそれぞれ市販のもの、甘麹は市販の濃縮甘酒でも代用 OK です。
※ 甘麹や醤油麹の代用ではちみつを使用する場合は、
1歳未満のお子さんの口に入らないようにお気をつけください。

・ 材料（4人分）はだいたい大人4人分を目安にしています。
・ 大さじ 1=15㎖、小さじ 1=5㎖、にんにく1片 =10g、しょうがスライス1枚 =5gです。
・ 特に記載がない場合の火加減は中火です。
　　（火加減は目安です。使用するコンロや調理器具によって調整してください。）
・ 特に記載がない場合は香りのない油を使用しています。
　　（米油や無香タイプのココナッツオイル等。太白ごま油やサラダ油でも OK。）
・ 麹調味料の良さを最大限に生かすため、肉や魚を麹調味料に漬けてから調理する
　　レシピが出てきますが、漬ける時間は目安です。
　　時間がない場合は漬けてすぐに次の工程にうつっても作れます。
・ 肉や魚は30分以内であれば室温で、それ以上の場合は冷蔵庫で漬けています。
　　（気温が高い場合は短い時間でも冷蔵庫に入れてください。調理する少し前に常温に
　　もどすのがおすすめです。）
・ 食材の切り方は材料欄に記載しているため、作り方では材料を切る工程を省いています。

のんすけの愛用調味料

シンプルな材料で作られています

① トマトピューレ

アルチェネロ 有機トマトピューレー（200g）

② 甜麺醤

ユウキ食品 甜面醤（220g）

③ 米粉

オーサワジャパン オーサワの国産米粉（500g）

④ 酢

内堀醸造 美濃有機純りんご酢（360mℓ）

⑤ みりん

角谷文治郎商店 有機三州味醂（500mℓ）

Staff

アートディレクション
松浦 周作 (mashroom design)

ブックデザイン
奥田 一平 (mashroom design)

写真
市瀬 真以

スタイリング
木村 柚加利

校正
麦秋アートセンター

DTP
浦谷 康晴

撮影協力
UTUWA
(TEL：03-6447-0070)

編集協力
小島 千明

編集
竹内 詩織 (KADOKAWA)

はじめる前に知っておきたい!

麹調味料づくりの基本

失敗しない発酵のポイント

○1 使用する道具や手は清潔に

せっかく作ってもカビなどが生えてしまったら使えません! 雑菌が繁殖しないように、
容器とかき混ぜるスプーンなどはしっかりと消毒したものを使ってください。
麹調味料は塩分濃度が高いので、清潔に作れば必要以上に恐れなくて大丈夫!
主な除菌方法は2つ。お好みの方法でOKですが、耐熱性でない容器を使う場合は、
アルコール消毒にしてください。手は調理前に洗い清潔にしましょう。

【 煮沸消毒の場合 】　　【 アルコール消毒の場合 】

布巾を敷いて容器を固定

70％以上のものを　アルコール濃度

煮沸の場合は、大きな鍋に布巾を敷き、使用
する道具と、道具がしっかりとかぶる量の水
を入れて沸騰させます。その後は優しく沸騰
する火加減を保ちながら10分ほど煮て、自
然乾燥を。

アルコール消毒の場合は、濃
度が70％以上のものを噴射
して、自然乾燥または清潔な
布巾等でふきとります。

食品にかけても
OKで安心!

ドーバー パストリーゼ77

◎2 発酵のさせ方は2通り

麹調味料は、米麹、塩や醤油、水や野菜等を時々かき混ぜながら、発酵させて作ります。かき混ぜたときに、容器の内側の側面や、ふちなどについた麹調味料の部分から雑菌が繁殖しやすいので、側面やふちをしっかりぬぐっておくことで失敗を防げます。小さなヘラなどがあると便利です。発酵のさせ方は2通り。それぞれに良さがあるのでお好みの方法で作ってください。

・・・・道具なしで作れる！
↓

※密閉せずに蓋をして

常温で約1～2週間で完成

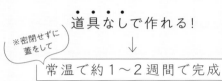

1日1回かき混ぜる

直射日光を避けて室温（20～30℃目安）に置き、1日1回かき混ぜる。室温により約1～2週間で完成。

発酵が進みやすいのは25～30℃。寒い時期はできるだけ暖かい部屋に置くと良い。
30℃を超えると雑菌が繁殖しやすくなるので、かき混ぜる回数を増やして。雑菌が特に繁殖しやすくなる35℃はできるだけ超えないように。

○旨みがよりひき立つ仕上がり。たんぱく質を分解して旨み成分に変え、肉や魚をやわらかくする酵素が、より多く作られる。
○乾燥米麹を使うとやや芯が残ることがあるので、気になる場合は、生米麹にもどす一手間を加えるのがおすすめ。

乾燥米麹とその4～5割の水かお湯を混ぜて時間をおくだけ。詳しくは各麹調味料の作り方のページに記載。

※発酵の際に発生するガスの逃げ道を作るため、蓋は密閉せずゆるめにして、埃が入らないように全面に被せてください（かき混ぜる際にガスが逃げるので神経質にならなくて大丈夫ですが、蓋の形状的に難しければ、キッチンペーパーを被せて輪ゴムで口を止めてもOKです）。

・・・・短時間で作れる！
↓

※密閉せずに蓋をして

55～60℃で6～8時間で完成

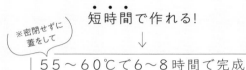

ヨーグルトメーカーなどの発酵器が必要

機械にセットして、できれば途中で何度かかき混ぜて、6～8時間で完成。

○甘みがよりひき立つ仕上がり。
○発酵中の雑菌の繁殖や、芯残りの失敗はほぼない。

温度設定可能な保温機能つきの家電でも、できるものがある。
（電気圧力鍋、低温調理器、オーブン、ホームベーカリー等）

炊飯器の保温でも発酵できる！

釜の中に麹調味料の材料を入れた容器をセットし、中の材料が隠れるくらいの高さまで55～60℃程度のお湯を入れたら、濡れ布巾をかぶせて蓋を開けたまま保温ボタンを押して、6～8時間発酵させてください。

保温

炊飯器メーカーが推奨しない使用方法の場合、各自のご判断で使用してください。

○3 米麹の種類は2種類ある

麹調味料づくりに欠かせないのが米麹。生米麹と乾燥米麹があります。生米麹の水分を蒸発させたものが乾燥米麹。それぞれの良さがあるので、使用頻度や買いやすさで選んでください。

\ のんすけがよく使うのは /
乾燥米麹

乾燥米麹

左から) エム・オー・エー商事 米糀 (500g) /
ますやみそ 乾燥 米こうじ (300g) /
マルクラ食品 国産有機 乾燥白米こうじ (500g)

◎常温保存が可能で日もちする。
◎スーパー等で比較的手に入りやすい。
△常温発酵の場合のみ、米麹に芯が残りやすいことがある。

※芯が気になる場合は最初に生米麹に戻す一手間を加えれば解決できる。各麹調味料の作り方にて紹介。

生米麹

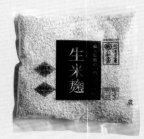

\ 冷凍で届くタイプも便利 /

丸新本家 生米麹 (800g)

◎常温発酵でも米麹の芯が残りにくい。
△日もちせず冷蔵または冷凍保存が必要。
△乾燥米麹と比べると手に入りにくく、ネット購入だと冷蔵便の送料がかかる。

○4 塩や醤油、水にこだわるとおいしさアップ！

塩や醤油は、パッケージの裏面を見て原材料ができる限り少なくシンプルなものを選ぶと、おいしく健康的に作れます。水は、浄水器を通した水かミネラルウォーターを使うのがおすすめです（そのままの水道水やアルカリ性の高い水は、発酵を妨げてしまうことがあります）。

\ 精製されていない海塩がイチオシ！ /

海の精
あらしお (赤ラベル) (500g)

\ 大豆と小麦、食塩のみでシンプル /

フンドーキン
吉野杉樽天然醸造醤油 (500ml瓶)

第一章
塩麹・醤油麹・レモンorゆず塩麹のレシピ

少ない材料で作れる、定番の麹調味料。

塩や醤油に、麹と発酵、酵素の力による旨みがプラスされ、いつもの料理がグーンと格上げされます。

塩や醤油と比べて、少ない塩分量でも旨みが補っておいしく感じられるので、自然と減塩にも。

そんな塩麹と醤油麹の力を最大限に生かした、"格上げシンプルレシピ"を集めました。

塩麹 の作り方

材料は麹と水と塩の3つだけ！ 発酵させることで麹のコクが引き立ち、まろやかで旨みたっぷりの味わいに。塩の代わりに使うと料理が一気に格上げされます。

○ 材料（作りやすい分量）

生米麹	200g
水	200mℓ
塩	60g

または

乾燥米麹	160g
水	240mℓ
塩	60g

○ 作り方

1　米麹・塩・水をよく混ぜる

全体をしっかり混ぜ合わせて

保存容器に米麹と塩を入れてまんべんなく混ぜる。水を加えてさらによく混ぜ密閉せずに蓋をする。米麹が固まっている場合は清潔な手でほぐしてから使う。

MEMO

乾燥米麹を使い常温で発酵させる場合は、米麹に芯が残りやすいので、余裕があれば一手間かけて、乾燥米麹を生米麹にもどしてから使うのがおすすめ。

▼

乾燥米麹160gと分量内の80mℓの水またはお湯（50〜60℃）を混ぜラップをして、途中何度かかき混ぜて1〜2時間おく。あとは残りの材料を加えて発酵させると、米麹が芯までやわらかくなりやすくなる。

基本の使い方

```
自然塩 小さじ1
▼
塩麹 大さじ1〜2
```
を目安に置き換える

含まれている塩分量を比較すると、自然塩小さじ1と塩麹大さじ2で同等に。塩麹は旨みが補ってくれるので、少ない塩分量でもおいしく感じられるメリットがあります。

野菜と あえる

野菜	塩麹
200g	大さじ1

が目安

きゅうりや白菜、キャベツなど、野菜とあえるだけで絶品浅漬けに。簡単ですが立派な副菜です！ ごま油を加えて風味をアップさせてもおいしいですよ。

2 常温または 55〜60℃で発酵させる

常温発酵の場合：
直射日光の当たらない室内で1〜2週間を目安に発酵させる。1日1回清潔なスプーンやヘラなどでかき混ぜる（カビないように、容器の内側の側面やふちについた塩麹を、ヘラ等でぬぐっておくと良い）。
※室温について詳しくはP.19参照

55〜60℃発酵の場合：
ヨーグルトメーカーなどの発酵器で55〜60℃で6〜8時間発酵させる。1時間半〜2時間後に1回かき混ぜて、その後はできれば2〜3時間おきにかき混ぜるのがおすすめ。

足りない!?と思ったら…

途中で水分が

よくかき混ぜて

このくらいならOK

ギュッと押して

常温発酵の場合は1〜2日後、55〜60℃発酵の場合は1時間半〜2時間後に最も水分が少なくなる。このとき一度かき混ぜ、米麹が水分に浸かるように上からギュッと押して（発酵が進むと少しずつ水分が戻ってくる）。米麹により吸水量に差があるので、上から押しても米麹が水から顔を出していたら、10㎖程度から様子を見て水を足してみて。

3 米麹がやわらかくなったら完成

ブレンダー等でペースト状にしてもOK

米麹がやわらかくなり、とろみがついて塩気がまろやかになってきたらOK！ 米麹を指でつぶして芯が残らないのが理想的。密閉して冷蔵保存または冷凍保存する。
（冷蔵後はかき混ぜなくてOK。しばらく使わないときはたまにかき混ぜるのがおすすめ。）

冷蔵保存で3カ月

を目安に使い切って

肉や魚を 漬ける

肉や魚	:	塩麹
200g	:	大さじ1

が目安

漬け込み時間の目安は30分〜1時間ですが、一晩漬けてもよりやわらかくなり旨みも増すのでテキトーでOK！ あとは焼いたり蒸したり煮たりお好みでどうぞ。

おすすめの ねぎ塩麹だれ

刻みねぎ&ごま油と相性抜群です！

醤油の代わりに塩麹を冷奴や納豆にかけても新鮮ですが、一番のおすすめは【塩麹と刻みねぎとごま油】を混ぜたねぎ塩麹だれ。肉や魚のソースにしても絶品です。

ほぼ放置で驚きのおいしさ
塩麹チキンと野菜の無水煮込み

旨みたっぷり、栄養満点、チキンはホロホロ。 小さな子どもから大人まで、
食べた人みんながうなるおいしさです。子どもが1歳の頃から数えると、
両手足の指じゃ足りないくらい、もう何度も作っている我が家の定番です。

塩麹とバターだけ

水なし放置でごちそうに…

子どもの離乳食期には、
バターと極少量の調味料で作り、
大人は岩塩をふったり、柚子コショウ、
粒マスタード、キムチなど
添えたりしていました。

離乳食には、後期（生後9ヶ月〜）から
を目安に、はじめはバターやオリーブ
オイルも控えめに。我が家では、少しず
つ調味料を増やしていき、2歳半頃か
ら大人と同じ今のレシピに。

絶品のおつまみにも。

025

塩麹に漬ける

野菜と塩麹を入れて
バターで炒めて

よりトロットロに、
旨みもたっぷりに
したいからこの向きで切る

煮て放置

塩麹をしっかり
ぬぐって

いんげんも煮て完成

オリーブオイルで
焼いて取り出す

ほぼ放置で驚きのおいしさ

塩麹チキンと野菜の無水煮込み

○ 材料（4人分）

鶏もも肉	2枚（600g）
塩麹	大さじ3（岩塩適量で代用OK）※

肉に塩麹をまぶして漬けておく

玉ねぎ（繊維と垂直の向きで輪切りにする）	2個
人参（輪切り）	1本
いんげん（両端を切る）	12本
トマト（角切り）	1/2〜1個
バター	15g
オリーブオイル	大さじ1と1/2
お好みで黒コショウ	適量

※塩麹を岩塩で代用する場合は、鶏肉に岩塩をふって焼いたら、野菜にもしっかりめにふって煮込んで。完成してから岩塩をふって塩味を足してもOK。

○ 作り方

1 鶏もも肉に塩麹をまぶして1時間程度漬ける（一晩おいてもOK）。

2 フライパンにオリーブオイルを熱し、塩麹をしっかりとぬぐった鶏肉を皮目から焼く。焼き色がしっかりつくまで焼いたら、ひっくり返し、さっと焼いて一度とり出す。

MEMO 塩麹は焦げやすいので、ヘラ等でしっかりとぬぐい、ぬぐった塩麹はとっておく。

3 同じフライパンでバターを熱し、玉ねぎ、人参、ぬぐった塩麹を入れて2〜3分炒める。

4 その上に2の鶏肉とトマトをのせて蓋をし、弱火〜弱中火で50分煮込む。残り10分でいんげんも加え、火が通るまで煮込む。お好みで黒コショウをふる。

MEMO 鍋やフライパンの様子により、焦げないように火加減を調節したり、水を加えたりする。

肉汁ハンバーグの新定番！
おろし玉ねぎの麹ハンバーグ

塩麹とおろし玉ねぎのWパワーで、肉汁と旨みが大爆発！ パン粉の代わりに米粉を使って
肉汁を閉じ込めた、のんすけイチオシのやわらかハンバーグです。
玉ねぎはすりおろすことで、炒めなくても子どもも嫌がらずに食べてくれます。

○ 材料（4人分）
麹なし
OK

【ハンバーグ】

A
合いびき肉	500g
卵	1個
玉ねぎ (すりおろす)	1/2個 (120g)
塩麹 大さじ 1 と 1/2 (塩小さじ2/3で代用OK)	
米粉	大さじ 3

油 —————— 小さじ 2

【玉ねぎソース】

B
玉ねぎ (すりおろす)	1/2個 (120g)
醤油麹 大さじ 4 (醤油大さじ3で代用OK) 醤油麹の作り方はP.44	
本みりん	大さじ 4

お好みでアスパラガス、ミニトマト ———— 各適量

○ 作り方

1 ボウルにAを合わせて手早くよくこねる。
> MEMO 冷蔵庫から出したての冷たい材料を使い、手の温度で脂が溶けないよう、できるだけ手早くよくこねる。

\ 手早くよくこねる /

2 1を4等分にし、手のひらに打ち付けて空気を抜きながら成形する。フライパンに油を熱し、片面を焼く。

3 焼き色がついたらひっくり返して、側面もフライパンのふちに焼き付けたり、油をかけたりしながら1、2分焼く。
> MEMO 側面を焼き固めることて、肉汁を閉じ込められる。

\ 側面も焼いて蒸し焼き /

4 蓋をして弱火で7分蒸し焼きにしたら火を止め、そのまま7分余熱で放置してから器にうつす。
> MEMO 余熱で火を通すと、加熱しすぎによる肉汁の流出を防げる。

\ 玉ねぎソースを作る /

5 肉汁をそのままにして再びフライパンを熱し、Bを入れて2分ほど火にかけてソースを作り、ハンバーグにかける。つけ合わせのアスパラガスを同じフライパンでさっと焼き（最初に焼いておいてもOK）、お好みでミニトマトと一緒にハンバーグに添える。

白ワインなしで絶品！
塩麹アクアパッツァ

「え、もうできたの!?　それでこんなにおいしいの!?」
いつも夫が驚く、手間の割に家族の満足度のコスパが最高の一品。
家で作ると一味足りなくなりがちなアクアパッツァも塩麹の力で抜群においしくなります。

○ 材料（4人分）

麹なし
OK

生タラの切り身	4切れ（300g）
塩麹	大さじ1と1/2（岩塩適量で代用OK）※
タラに塩麹をぬっておく	
エリンギ（輪切り）	1パック（2本）
いんげん（3～4等分に切る）	10本
あさり（パウチまたは冷凍）	1袋（130g程度）
（砂抜きした生のあさりでもOK）	
ミニトマト（半分に切る）	6個
にんにく（みじん切り）	1片
水	50㎖
オリーブオイル	大さじ2
追加のオリーブオイル	大さじ1

※塩麹の代わりに岩塩を使う場合は、タラの両面に岩塩をふってから焼き、煮る前にも全体に軽くふると良い。

○ 作り方

1 タラに塩麹をまんべんなくぬり30分程度漬ける（一晩おいてもOK）。

2 フライパンにオリーブオイルとにんにくを熱し、1のタラを皮目から焼く。焼き色がついたらひっくり返し、フライパンのあいているところでエリンギ、いんげんを軽く炒める。

MEMO タラは焼き色がつけばOKなので、塩麹はぬぐわずさっと焼く。

3 あさり（パウチの場合は汁ごと）、水を加えたら蓋をし、弱中火で5分煮る。残り1分ほどでミニトマトも加える。

MEMO 蓋の気密性により水分の蒸発量に差があるので、必要に応じて水を追加する。

4 蓋をとって中火にし、追加のオリーブオイルをまわし入れて軽く揺すりながら1～2分乳化させる。

\ タラを焼く /

\ 具材を入れて煮る /

\ オイルを入れて仕上げる /

漬けて焼くだけ！
めかじきとバジルの塩麹ソテー

大人はもちろん、我が家の子どもたちも大好きなメニュー。
淡泊なめかじきも、塩麹とオリーブオイルに漬けることで、
旨みたっぷり、しっとりと仕上がります。

○ 材料（4人分） （麹なしOK）

めかじき（食べやすい大きさに切る）		3〜4切れ（320g）
A	塩麹	大さじ1と1/2（岩塩適量で代用OK）※
	オリーブオイル	大さじ2と1/2
	にんにく（スライス）	1片

めかじきをAに漬けておく

ぶなしめじ（石づきを切ってほぐす）	1株
ミニトマト（半分に切る）	8個
バジルの葉	30枚程度
バター	20g
醤油	大さじ1/2
お好みでレモン、ケイパー	各適量

※塩麹の代わりに岩塩を使う場合は、めかじきに岩塩をしっかり
めにふってからオイルに漬け込んで。

オイルごと漬けおく

オイルごと焼いて
醤油で香り付け

○ 作り方

1 めかじきをAに漬けて1時間程度おく（一晩おいてもOK）。熱したフライパン
にめかじきをオイルごと広げて入れて焼く。焼き色がついたらひっくり返し、
フライパンのあいているところでぶなしめじを炒める。
(MEMO) 漬け込んだオイルで焼くので油はひかなくてもOK。

2 全体を炒め合わせたら、ミニトマト、バターを加えてさらに炒める。バジルを
入れたらフライパンのふちに沿うように醤油をまわし入れて、さっと炒めて香
り立たせる。盛りつけたら、お好みでケイパーを散らしてレモンを添える。

手羽中と根菜の絶品塩麹スープ

塩麹のスープをおいしく作る黄金の組み合わせは、"旨み食材×本みりん×合わせだし"。
思わず幸せのため息があふれる、身体も温まる栄養満点スープです。

○ 材料（4人分）

鶏手羽中	8〜12本（200〜300g）
塩麹	大さじ2
肉に塩麹をもみ込んでおく	
大根（いちょう切り）	3cm幅
人参（半月切り）	1/3本
レンコン（いちょう切り）	50g
長ねぎ（輪切り）	1/2本
冷凍ささがきごぼう	ひとつかみ
（生のものでもOK）	
しょうがスライス	1枚

A	水	600ml
	本みりん	小さじ2
	塩分無添加のだしパック	1袋
	（あらかじめとっておいただしでもOK）	

ごま油	小さじ2
お好みで黒コショウ	適量

○ 作り方

1 手羽中に塩麹をもみ込み30分程度漬ける（一晩おいてもOK）。

2 鍋にごま油を熱し、1の手羽中を、塩麹を軽くぬぐってさっと焼く。表面に焼き色がついたら野菜としょうがを加えて炒め合わせる。

> MEMO ぬぐった塩麹はとっておく。

3 Aと、2のぬぐった塩麹を入れて蓋をして熱する。煮立ったら気になるアクがあればとり、弱火にして10分ほど煮る。具材がやわらかくなったらだしパックをとり出す。お好みで黒コショウをふる。

> MEMO 蓋をしたまま余熱で放置し、味をしみ込ませるとよりおいしくなる。

おやつみたいな 栄養満点 サクとろがんも

がんもの概念をくつがえす、おつまみにもおやつにもなる、万能おかずです。
すりおろした長芋と麹の力で、中はふわトロ新食感。

○ 材料（4人分） （麹なしOK）

木綿豆腐		2丁（600g）
A	卵	1個
	長芋（すりおろす）	60g
	椎茸（みじん切り）	2枚
	人参（みじん切り）	1/3本
	ひじき（生やドライパックのもの）	50g
	塩麹	小さじ4（塩小さじ2/3で代用OK）
	醤油麹	小さじ2（醤油小さじ1強で代用OK）
	醤油麹の作り方はP.44	
	片栗粉	大さじ1
揚げ油		適量

【たれ】

醤油麹	適量（醤油や薄めた麺つゆで代用OK）

大人は大根おろしや大葉を添えるのもおすすめ

○ 作り方

1 キッチンペーパーを二重に巻いた豆腐をざるにのせ、重しをのせて30分〜1時間ほど水きりをする。

2 ボウルに水をきった豆腐を入れて、ゴムベラや泡立て器ですりつぶしてなめらかにしたら、Aを加えてよく混ぜる。

3 フライパンに揚げ油を2cmくらいの高さまで入れて180℃に熱する。油をつけたスプーンで生地をすくい入れ、両面きつね色になるように揚げ焼きする。お好みでたれや大葉等を添える。

油をつけたスプーンを使うとキレイな丸が作りやすい！

3

乳酸菌
うじゃうじゃ
うじゃ……

乳酸菌選手権No.1!

塩麹 水キムチ

水キムチは、野菜や果物の乳酸菌を、水の中で発酵させて作る辛くないキムチ。
糠漬けの約20倍、普通のキムチの約2倍の乳酸菌が含まれている、乳酸菌の宝庫です。
汁に乳酸菌がたっぷりなので汁ごと食べるのがおすすめ。

○ 材料（作りやすい分量）

野菜3種類（合計300g程度）

きゅうり（縦半分にして斜め切り）………………… 2本

人参（縦半分にして薄い斜め切り）………………… 2/3本

キャベツ（短冊切り）………………………………… 1～2枚

　（季節の野菜で代用してもおいしく作れる）

塩麹 …………………… 大さじ3（塩大さじ1/2で代用OK）

　野菜に塩麹をまぶしておく

りんご（すりおろす）、

りんご（薄く切る）………………………………… 各1/6個

　（りんごの代わりに梨、みかん、柿でもおいしい！）

にんにく（スライス）………………………………… 1片

しょうがスライス …………………………………… 1枚

米の研ぎ汁（2回目以降のもの）…………………… 500㎖

　（水500㎖に米粉小さじ1を混ぜたもので代用OK）

甘麹 ………… 小さじ2（砂糖やはちみつ小さじ1で代用OK）

　甘麹の作り方はP.116

りんご酢 …………………………………………… 小さじ1/2

　（好みの酢でOK。酸味をおさえたい場合は省いてもOK）

○ 作り方

1　米の研ぎ汁を鍋に入れて、ひと煮立ちするまで温めて冷ます。

　MEMO 甘麹ではなく砂糖やはちみつを使う場合は、米の研ぎ汁と一緒に加熱して溶かす。

2　保存容器に野菜を入れ、塩麹をまぶして20分程度常温でおく。20分後、材料を全て混ぜ合わせ、常温で半日～1日おいて発酵させて、冷蔵庫で冷やす。

　MEMO 夏は半日、冬は丸1日が発酵完了の目安。ブクブクッとした気泡が発酵の印。冷蔵保存で、2～3日で食べ切って。

すりおろしたりんごを加えて、味に深みを

乳酸菌たっぷりの汁ごと味わうアレンジレシピ

冷麺風水キムチそうめん

○ 材料（1人分）

そうめん ……………………………………………… 1～2束

A
　水キムチの汁 ……………………………………… 50㎖

　中華麹 …………………………………………… 小さじ1

　（鶏ガラスープの素小さじ1/3～1/2で代用OK）
　中華麹の作り方はP.68

　醤油、ごま油 …………………………………… 各小さじ1/2

お好みのトッピング ………………………………… 各適量

水キムチの具、蒸し鶏、ゆで卵、カイワレ菜、白ごま等

○ 作り方

器の中でAを混ぜ合わせる。茹でて冷水で洗って冷やしたそうめんを加えて、トッピングをのせる。

麹なしOK

マヨなし せいろで一発！塩麹ポテサラ

思いついたときは、世紀の大発明かと思いました（笑）。
手間のかかるポテサラも、材料全て同時に蒸してお手軽に。
マヨネーズなしですが、塩麹と卵のコクでバッチリおいしいです。

○ 材料（作りやすい分量）

じゃがいも（2cm大に切る）	2個（300g）
人参（いちょう切り）	1/3本
きゅうり（薄くスライス）	1本
塩	ふたつまみ
きゅうりの塩もみに使用	
卵	2個
塩麹	大さじ1
りんご酢（好みの酢でOK）	小さじ1/2

\ 一発で蒸す /

\ 材料全てとじゃがいもと
塩麹の蒸し汁も入れる /

\ つぶしながら混ぜる /

○ 作り方

1 じゃがいもは水にさらす。スライスしたきゅうりは
塩をもんで数分おき、水気を絞る。

2 クッキングシートで器を作り、水気をよくきった
じゃがいもを入れて塩麹をかける。同じように器を
作ったら人参も入れる。それぞれをせいろに置き、
あいたところに卵を入れて蓋をして、沸騰した鍋の
上で15分蒸す。

> MEMO　塩麹を生のまま使うと、酵素の力でじゃがいものでんぷん
> が分解されて溶けてしまうので、塩麹も一緒に加熱して使う。きゅう
> りには必ず塩麹ではなく塩を使って。

3 卵は水で冷やしてから殻をむく。ボウルに殻をむい
た卵、じゃがいも、じゃがいもの器に出た汁大さじ
2、りんご酢を入れて混ぜながら好みの加減につぶ
して、人参ときゅうりを加えて混ぜ合わせる。

レモン or ゆず塩麹 の作り方

基本的な使い方は塩麹と同じ。塩麹の代わりに使うとさわやかな風味が加わっておしゃれな味になります。レモン or ゆず塩麹は芯が残りやすいので、生米麹を使うか、乾燥米麹を生米麹にもどしてから使い、発酵時間を長めにとってください。

○ 材料（作りやすい分量）

レモンまたはゆず	1個		生米麹	100g
果汁と黄色い皮を合わせて50gが目安 50gに満たなければその分水をふやして			水	100㎖
			塩	35g

または

レモンまたはゆず	1個		乾燥米麹	80g
果汁と黄色い皮を合わせて50gが目安 50gに満たなければその分水をふやして			水	120㎖
			塩	35g

○ 作り方

1 米麹・塩・水をよく混ぜ、刻んだ果物の皮と果汁を入れる

レモンまたはゆずの白いわたの部分は入れない

レモンまたはゆずを、白いわたの部分ができるだけ入らないように、黄色い皮の部分だけをむいて刻む。保存容器に米麹と塩を入れて混ぜ、水と、刻んだ皮と果汁を加えてよく混ぜ、密閉せずに蓋をする。

2 常温で発酵させる

直射日光の当たらないできるだけ暖かい場所で、1週間半〜2週間半を目安に発酵させる。1日1回清潔なスプーンなどでかき混ぜる。1〜2日目にかけて、米麹が水から顔を出していたら少量の水を加えて。

MEMO ゆずとレモンの酵素の力で50℃以上で発酵させると、団子のように固まってしまうので必ず常温で。

3 米麹がやわらかくなったら完成

冷蔵保存で3カ月 を目安に使い切って

米麹がやわらかくなり、とろみがついて塩気がまろやかになったら、密閉して冷蔵保存または冷凍保存する。塩麹の代わりに使ったり、オリーブオイルと合わせてカルパッチョのソースやドレッシングにしたりしても絶品。

MEMO

乾燥米麹を使う場合は米麹に芯が残りやすいので、余裕があれば一手間かけて、乾燥米麹を生米麹にもどしてから使うのがおすすめ。

▼

乾燥米麹80gと分量内の40㎖の水またはお湯（50〜60℃）を混ぜてラップをして、途中何度かかき混ぜて1〜2時間おく。あとは残りの材料を加えて発酵させると、米麹が芯までやわらかくなりやすくなる。

豚肉と白菜のミルフィーユ煮込み

塩麹でも作れますが、レモン塩麹やゆず塩麹で作ると一気におしゃれな味に格上げ！
白菜はくたくたになるまで煮込んでくださいね。

○ 材料（作りやすい分量）

豚ロース薄切り肉	200g
レモン塩麹またはゆず塩麹	大さじ2

肉に塩麹をまぶして漬けておく

白菜	1/4個
にんにく（スライス）	1片
本みりん	大さじ1/2
醤油	大さじ1
ごま油、追加のごま油	各大さじ1/2
水	250～300㎖

○ 作り方

1 豚肉にレモン塩麹またはゆず塩麹を
　まぶして30分程度漬ける（一晩お
　いてもOK）。

2 小鍋にごま油とにんにくを入れて弱
　火で熱し、香りが出たら火を止める
　（にんにくはとり出してもそのまま
　でもOK）。

3 白菜の根元を切り落とす。芯と葉が
　互い違いになるように向きを変えな
　がら、1の豚肉と順に重ねる。

4 3を鍋の高さより少し短い長さに切
　り、2の小鍋に敷き詰める。水、本み
　りんを入れて蓋をして熱し、煮立っ
　たら弱火で10分以上煮込む。白菜
　がやわらかくなったら、醤油と追加
　のごま油をまわし入れる。

MEMO　白菜から水分が出るので水は少な
めでOK。目安は白菜の半分ちょっとの高さ。

芯と葉を互い違いにすると
芯の部分だけの塊ができず
食べやすい

3

レモンとゆず あなたはどっち派!?
絶品 手羽先ラーメン

ありがたいことにSNSでも大反響。皆さん口を揃えて言います「替え玉必須です」と。
スープは各々の器で味つけできるので、好みに合わせて変幻自在!
私のイチオシはゆず塩麹。これを作るために、ぜひゆず塩麹を仕込んでください。

○ 材料 (2人分)

鶏手羽先	5〜6本 (300g)
塩麹	大さじ1と1/2

肉に塩麹をもみ込み漬けておく
塩麹の作り方はP.22

長ねぎ (1〜2cm幅の輪切り)	2/3本
にんにく (スライス)	1片
しょうがスライス	1枚
中華麺	2玉
水菜 (食べやすい長さに切る)	適量

	長ねぎの青い部分	1本
	塩分無添加のだしパック	1袋
A	本みりん	大さじ1/2
	水	800㎖
	塩麹	小さじ1

レモン塩麹またはゆず塩麹	1人分大さじ1と1/2〜2

(子ども用は塩麹にしても食べやすくておすすめ)

ごま油	大さじ1と1/2
お好みで黒コショウ	適量

> レモンやゆずの風味を嫌がる
> お子さんの分も一緒に作れる
> ように、下味やスープには塩
> 麹を使用していますが、お好
> みでレモン塩麹やゆず塩麹に
> 替えてもOK。

○ 作り方

1 手羽先に塩麹をもみ込み1時間程度漬ける (一晩おいてもOK)。

2 鍋にごま油、にんにく、しょうがを入れて熱し、塩麹をぬぐった手羽先と長ねぎを入れて、両面とも焼き色がつくまで焼く (手羽先は皮目から焼く。ぬぐった塩麹は使わない)。

3 Aを加えて蓋をして熱し、煮立ったら弱火で20〜30分ほど煮込む。途中でアクが気になればとる。

4 丼にレモン塩麹またはゆず塩麹を入れて、3のスープを1人分約350㎖を目安に入れる。茹でた中華麺を入れて、手羽先と水菜と3の長ねぎをのせ、お好みで黒コショウをふる。

長ねぎと手羽先を
両面香ばしく焼く

塩麹などを入れて煮る

レモン塩麹またはゆず塩麹を
入れた丼にスープを注ぐ

醤油麹 の作り方

麹調味料デビューにイチオシです。かけるだけ、つけるだけでも用途がたくさんあるので、料理に使うのはもちろん、旨み成分はなんと塩麹の10倍！

○ 材料 (作りやすい分量)

生米麹	200g
醤油	200㎖

または

乾燥米麹	150g
水	60㎖
醤油	210㎖

MEMO 醤油200㎖の重さは約230gなのでgで測る場合は気をつけて。

MEMO

乾燥米麹を使い常温で発酵させる場合は、米麹に芯が残りやすいので、余裕があれば一手間かけて、乾燥米麹を生米麹にもどしてから使うのがおすすめ。

▼

乾燥米麹150gと60㎖の水またはお湯(50～60℃)を混ぜてラップをして、途中何度かかき混ぜて1～2時間おく。あとは醤油を加えて発酵させると、米麹が芯までやわらかくなりやすくなる。

○ 作り方

1 米麹・水・醤油をよく混ぜる

全体をしっかり
混ぜ合わせて

保存容器に米麹と水を入れて混ぜてから、醤油も加えてまんべんなく混ぜ、密閉せずに蓋をする。生米麹の場合は水はなし。麹が固まっている場合は清潔な手でほぐしてから使う。

基本の使い方

「いつもの醤油の
同量～1.5倍
を目安に置き換える」

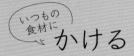

いつもの
食材に
かける

納豆には醤油麹×ごま油×黒コショウが我が家の定番！

豆腐や納豆など、いつもの醤油を醤油麹にすれば、コクと旨みがアップしていつもよりおいしくなっちゃいます。餃子のたれにもおすすめ。

2　常温または 55〜60℃で発酵させる

常温発酵の場合：
直射日光の当たらない室内で1〜2週間を目安に発酵させる。1日1回清潔なスプーンやヘラなどでかき混ぜる（カビないように、容器の内側の側面やふちについた醤油麹を、ヘラ等でぬぐっておくと良い）。
※室温について詳しくはP.19参照

55〜60℃発酵の場合：
ヨーグルトメーカーなどの発酵器で55〜60℃で6〜8時間発酵させる。1時間半〜2時間後に1回かき混ぜて、その後はできれば2〜3時間おきにかき混ぜるのがおすすめ。

足りない!?と思ったら… / 途中で水分が

\ よくかき混ぜて /

ギュッと押して このくらいならOK

常温の場合は1〜2日後、55〜60℃発酵の場合は1時間半〜2時間後に最も水分が少なくなる。このとき一度かき混ぜ、米麹が水分に浸かるように上からギュッと押して（発酵が進むと少しずつ水分が戻ってくる）。米麹により吸水量に差があるので、上から押しても米麹が醤油から顔を出していたら、10ml程度から様子を見て醤油を足してみて。

3　米麹がやわらかく なったら完成

ブレンダー等で ペースト状にしてもOK

米麹がやわらかくなり、とろみがついて、味がまろやかになってきたらOK！ 米麹を指でつぶして芯が残らないのが理想的。密閉して冷蔵保存または冷凍保存する。
（冷蔵後はかき混ぜなくてOK。しばらく使わないときはたまにかき混ぜるのがおすすめ。）

冷蔵保存で 3カ月
を目安に使い切って

野菜と あえる

野菜	:	醤油麹
200g	:	大さじ1

が目安

生野菜、茹で野菜、蒸し野菜…。なんでもいいから醤油麹とあえてみて。大人も子どもも手が止まらないやみつき副菜が完成。ごま油や白すりごまを加えてもおいしいです。

\ イチオシはきゅうり /

食べるときのルール
全ての具材を 必ず一緒に
口に入れて 食べること！

一度食べたらハマる
ごちそうイタリアンすき焼き

お高いから"たまにの牛肉"は、とびっきりおいしく食べたい！
全ての具材を口に入れて、ず〜っと噛んでいたい。そのくらい絶品の自信作です。

○ 材料（4人分） 　麹なしOK

牛薄切り肉 ─────────────── 300g
　（すき焼き用、牛こま切れ肉、切り落とし等、好みのものでOK）

醤油麹 ─────────────── 大さじ3
　肉に醤油麹をもみ込み漬けておく

玉ねぎ（薄切り）─────────── 1～1.5個（300g）

トマト（大）（薄いくし形切り）─────── 1個

ミニモッツァレラチーズ ────── 90g

バジルの葉 ──────────── 20枚～お好みで

にんにく（スライス）────────── 1片

A│醤油麹 ──────────── 大さじ2
　│本みりん ─────────── 60㎖

　（Aは醤油、本みりん各50㎖、砂糖大さじ1で代用OK
　　その場合、牛肉には下味をつけない）

水 ─────────────── 150㎖

オリーブオイル ────────── 大さじ1

○ 作り方

1 牛肉に醤油麹をもみ込み30分程度漬ける（一晩おいてもOK）。

2 フライパンにオリーブオイルとにんにくを弱火で熱し、香りが
立ったら中火にして玉ねぎを2分ほど炒める。水を入れて蓋を
して、煮立ったら弱火にして5分ほど煮る。

3 玉ねぎが透き通ってきたら蓋をとり、中火にしてAを入れて混ぜ
る。1の牛肉を醤油麹ごと入れ、蓋をせずにほぐしながら煮る。

4 牛肉に火が通ったら、トマトを入れてお好みの濃さまで煮詰
め、チーズとバジルを加えて火を止める。

MEMO 煮詰め具合で味の濃さを調整して。

＼ にんにくと玉ねぎを炒める ／　＼ 牛肉を煮る ／　＼ トマトを煮たらチーズと
　　　　　　　　　　　　　　　　　　　　　　　　　　　バジルは余熱で ／

醤油麹でお肉やわらか
野菜入りしょうが焼き

「しょうが焼きに添えた千切りキャベツは、子どもたちが食べてくれない。
よし！ それならキャベツも炒めちゃおう。」と思ったのがきっかけでできました。
ピーマン嫌いの息子が初めてピーマンをちゃんと食べてくれた思い出のレシピです。

○ 材料（4人分） （麹なしOK）

豚こま切れ肉	400g
醤油麹（下味用）	大さじ2

肉に醤油麹をもみ込み漬けておく
（醤油大さじ2と砂糖やはちみつ小さじ2で代用OK）※

キャベツ（短冊切り）	1/6個
ピーマン（細切り）	2個
人参（細切り）	1/2本
しょうがスライス	1枚
本みりん	大さじ2
醤油麹（追加用）	大さじ1〜お好みで
片栗粉	大さじ1
ごま油	大さじ1

> ※醤油麹を醤油と砂糖やはちみつで代用した場合は、
> 追加の醤油はなし、または少量で。

○ 作り方

1 豚肉に醤油麹（下味用）をもみ込み30分程度漬けてから（一晩おいてもOK）、片栗粉をまぶす。

2 フライパンにごま油としょうがを入れて弱火で熱し、香りが立ったら弱中火〜中火で1の豚肉を炒める。8割程度火が通ったら、野菜、本みりんを入れて野菜がしんなりするまで炒め合わせる。

> MEMO お子さんでも食べやすいように、しょうがはスライスのまま入れていますが、お好みで刻むかすりおろしてもOK。

3 醤油麹（追加用）を入れて味をととのえる。

\ 肉を醤油麹に漬けておく /

1

\ 野菜を炒め合わせる /

2

\ 醤油麹で味をととのえる /

3

お砂糖なしで野菜入りそぼろ丼

醤油麹と本みりんを使えば、砂糖なしで子どもが大好きな甘醤油味が作れます。
野菜は玉ねぎ、グリンピース、ピーマン、いんげん、アスパラガス、レンコンなどもおすすめです。

○ 材料（4人分）

鶏ひき肉（鶏ももひき肉がおすすめ）	400g
醤油麹	大さじ3
肉と醤油麹をざっくりと混ぜておく（醤油大さじ3と砂糖大さじ1で代用OK）※	
人参（みじん切りまたは細切り）	1/2本
椎茸（みじん切り）	2〜3枚
本みりん	大さじ3
岩塩	少々
ごま油	小さじ2
ごはん	茶碗4杯分

※醤油麹を醤油と砂糖で代用する場合は、ひき肉と混ぜずに、作り方3で本みりんと一緒に入れて。野菜にふる岩塩はなしでOK。

○ 作り方

1 ボウルに鶏ひき肉と醤油麹を入れてざっくりと混ぜ合わせる。

2 フライパンにごま油を熱し、人参、椎茸を入れて岩塩をふり、2〜3分炒める。

3 野菜をはじに寄せ、1の鶏ひき肉と本みりんを入れて弱中火で優しくほぐしながら炒める。
MEMO ひき肉は調味料と一緒に炒め始めることでしっとり仕上がる。

4 ひき肉にある程度火が通ったら、全体を炒め合わせて軽く煮詰める。器にごはんを盛り、できあがったそぼろをかける。

厚揚げの醤油麹ごま味噌炒め

味噌×醤油麹×本みりんを、1:2:2 の割合で混ぜると、
定番の味噌炒めの味つけに。厚揚げは、やわらかい絹厚揚げがおすすめです。

○ 材料（4人分）

絹厚揚げ（食べやすい大きさに切る）
　　　　　　　　　　　2枚（280g）
アスパラガス（斜め切り）………… 4本
じゃがいも（半月切りまたは短冊切り）
　　　　　　　　　　　大 1個（200g）

A｜味噌………………………… 大さじ1
　｜醤油麹、本みりん…… 各大さじ2
（醤油麹は醤油大さじ1強で代用OK）

水 ………………………………… 50㎖
ごま油 …………………………… 小さじ2
お好みで白すりごま…………… 適量

○ 作り方

1 じゃがいもは水にさらしておく。

2 フライパンにごま油を熱し、厚揚げを
　入れて両面焼き色がつくまで焼く。水
　気をふきとったじゃがいもを加えて軽
　く炒め、水を入れて蓋をして弱火で5
　分ほど蒸し煮する。

3 アスパラガスを加えてさっと炒め合わ
　せたら、さらに3分ほど蒸し煮する。

4 野菜に火が通ったらAを混ぜてから加
　え、中火にして全体をしっかり炒め合
　わせる。お好みで白すりごまをふる。

MEMO 本みりんのアルコール分を飛ばすよ
うに、最後はしっかりと炒めて。

醤油麹×ごま油のたれ はどんな野菜とも相性バッチリ。

長芋の梅醤油麹あえは、長芋の食感が良いうちに食べ切ってください。

やみつき アボカド醤油麹

○ 材料（作りやすい分量）

アボカド（好みの幅に切る）	1個

	醤油麹	大さじ2
A	ごま油	小さじ1
	水	大さじ1

○ 作り方

Aをよく混ぜて、アボカドにかける。

長芋の梅醤油麹あえ

○ 材料（4人分）

長芋（拍子木切り）		10cm程度
A	梅干し	1個
	醤油麹、ごま油	各小さじ1
お好みで鰹節		適量

○ 作り方

1 Aの梅干しは包丁でペースト状になる
　まで刻む。

2 ボウルにAを入れて混ぜ合わせてか
　ら、長芋を加えてあえる。

MEMO 鰹節はあえてもかけてもOK。

生より食べやすい！
キャベツとツナのジュジュっとナムル

生のキャベツが苦手な方にも試してほしいレシピです。
やわらかい春キャベツがおすすめですが、冬キャベツでもおいしいです。

熱々のごま油で
キャベツがしんなりとし、
味もしみ込みやすくなる

1

○ 材料（4人分） 麹なしOK

キャベツ（短冊切り）......... 2枚

ツナ缶 1缶
（しらすで代用してもOK）

醤油麹、ごま油 各大さじ1
（醤油麹は醤油小さじ2で代用OK）

○ 作り方

1 キャベツをボウルに入れ、フライパンで熱々に熱したごま油をまわしかける。

2 1に汁気をきったツナ、醤油麹を加えてあえる。

"白米炊くのと同じテンション"で作れる
お助け 炊き込みごはん

味つけは麹調味料ひとつ！　忙しい日のために常備している、
お助け食材をポンポン入れるだけ。包丁も使いません。
あとは具だくさんのメインがあれば良いでしょう。
もう1品作る代わりに便利なお助け炊き込みごはんです。

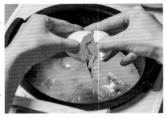

常備食材2つと
麹調味料1つを
お釜に入れて…

炊けたらぜ～んぶ
混ぜれば完成！

サバ味噌ごぼうごはん

塩麹

○ 材料（2合分）

白米	2合
塩麹	大さじ1

（塩小さじ1/2で代用OK）
塩麹の作り方はP.22

サバの味噌煮缶	1缶
冷凍ささがきごぼう	ひとつかみ
お好みで大葉	適量

○ 作り方

1　炊飯釜に洗った白米と塩麹、サバ
の味噌煮缶の汁を入れて、いつも
通りの目盛りまで水を入れ混ぜる。

2　サバ、冷凍ささがきごぼう（凍っ
たままでOK）をほぐし入れて混
ぜずに炊飯する。お好みで刻ん
だ大葉をのせる。

コンソメ麹ピラフ

コンソメ麹

○ 材料（2合分）

白米	2合
コンソメ麹	大さじ2強
（コンソメ大さじ1強で代用OK）	
コンソメ麹の作り方はP.58	
ウインナー	ミニサイズ7本（50g）
冷凍ミックスベジタブル	大さじ4

○ 作り方

1 炊飯釜に洗った白米とコンソメ麹を入れて、いつも通りの目盛りまで水を入れて混ぜる。

2 ウインナーをキッチンバサミで切り入れて、冷凍ミックスベジタブル（凍ったままでOK）を入れたら混ぜずに炊飯する。

卵チャーハン

中華麹

○ 材料（2合分）

白米	2合
中華麹	大さじ2強
（鶏ガラスープの素大さじ1強で代用OK）	
中華麹の作り方はP.68	
卵	2個
室温に戻しておく	
冷凍ミックスベジタブル	大さじ4
お好みで小ねぎ	適量

○ 作り方

1 炊飯釜に洗った白米と中華麹を入れて、いつも通りの目盛りまで水を入れ混ぜる。

2 冷凍ミックスベジタブル（凍ったままでOK）を入れ、卵を割り入れたら、卵の黄身に爪楊枝で2カ所ずつ穴をあけ、混ぜずに炊飯する。炊けたら卵を切るように混ぜる。お好みで小ねぎをのせる。

焼肉の
たれ麹

油揚げひじきごはん

○ 材料（2合分）

白米	2合
焼肉のたれ麹	大さじ3

（焼肉のたれ大さじ2強で代用OK）
焼肉のたれ麹の作り方はP.96

ドライパックのひじき	50g
冷凍カット油揚げ	ひとつかみ
お好みで白いりごま	適量

○ 作り方

1 炊飯釜に洗った白米と焼肉のたれ麹を入れて、いつも通りの目盛りまで水を入れ混ぜる。

2 ひじきと油揚げ（凍ったままでOK）をほぐし入れて、混ぜずに炊飯する。お好みで白いりごまをふる。

カレーピラフ

○ 材料（2合分）

白米	2合
カレールゥ麹	大さじ2

カレールゥ麹の作り方はP.106

ツナ缶	1缶
コーン（冷凍や缶詰等）	大さじ4

お好みで
パセリ、黒コショウ	各適量

○ 作り方

1 炊飯釜に洗った白米とカレールゥ麹を入れて、いつも通りの目盛りまで水を入れ混ぜる。

2 汁気をきったツナ、コーンを入れて、混ぜずに炊飯する。お好みでパセリや黒コショウをかける。

カレールゥ麹

第二章 コンソメ麹・中華麹のレシピ

市販のコンソメ、鶏ガラスープの素や中華だしの代わりに使える
ものをと研究を重ねたら、本家よりおいしくなってしまいました。
定番の洋食や中華、ガッツリメニューからさっぱりおかずまで、
子どもも大人も満足できるレシピたちです。

コンソメ麹 の作り方

野菜と麹の旨みと甘みで、びっくりするくらいコンソメ。スープ、オムライス、ホワイトソース、トマト系の煮込み料理など、洋風メニューに幅広く使えます。

○ 材料（作りやすい分量）

乾燥米麹	100g
玉ねぎ	150g
人参	100g
セロリ	50g
トマト	30g
にんにく	10g
水	40㎖
塩	55g

生米麹（100g）の場合は塩50g、水は不要

○ 作り方

1　米麹・塩・水・野菜をよく混ぜる

野菜は水と一緒にフードプロセッサーにかけてもOK

全ての材料をよくかき混ぜる

野菜はミキサーなどですりおろす。保存容器に米麹と塩を入れてまんべんなく混ぜる。水とすりおろした野菜を加えてさらによく混ぜ密閉せずに蓋をする。

MEMO

乾燥米麹を使い常温で発酵させる場合は、米麹に芯が残りやすいので、余裕があれば一手間かけて、乾燥米麹を生米麹にもどしてから使うのがおすすめ。

▼

乾燥米麹100gと40㎖の水またはお湯（50〜60℃）を混ぜてラップをして、途中何度かかき混ぜて1〜2時間おく。あとは残りの材料を加えて発酵させると、米麹が芯までやわらかくなりやすくなる。

基本の使い方

「 顆粒コンソメの約2倍量で置き換える 」

スープの味つけに

水	コンソメ麹
200㎖	： 大さじ1

が目安

コンソメ麹だけで旨みたっぷりのバッチリおいしいコンソメスープができます。コンソメ麹は最後に入れるのではなく、具材と一緒に炒めて煮て。旨みと甘みが増してさらにおいしくなります。

2 常温または 55〜60℃で発酵させる

常温発酵の場合：
直射日光の当たらない室内で1〜2週間を目安に発酵させる。1日1回清潔なスプーンやヘラなどでかき混ぜる（カビないように、容器の内側の側面やふちについたコンソメ麹を、ヘラ等でぬぐっておくと良い）。
※室温について詳しくはP.19参照

55〜60℃発酵の場合：
ヨーグルトメーカーなどの発酵器で55〜60℃で8時間発酵させる。1時間半〜2時間後に1回かき混ぜて、その後はできれば2〜3時間おきにかき混ぜるのがおすすめ。

○トマトを入れることでよりコンソメらしい後味になりますが、省いてもおいしくできるので、トマトなしで作ってもOK。
○セロリは風味が良くなるのと、苦手な方でも気にならない量なので、入れるのがおすすめですが、ない場合は省いて玉ねぎを180g、人参を120gに増やして作って。

3 米麹がやわらかくなったら完成

ブレンダー等でペースト状にすると使いやすい

米麹がやわらかくなり、味にまろやかさが出てきたらOK！ 米麹を指でつぶして芯が残らないのが理想的。密閉して冷蔵保存または冷凍保存する。

（冷蔵後はかき混ぜなくてOK。しばらく使わないときはたまにかき混ぜるのがおすすめ。）

冷蔵保存で
3カ月
を目安に使い切って

肉や魚を 漬ける

肉や魚	コンソメ麹
200g	大さじ1

が目安

漬けて焼くだけで旨みたっぷりのチキンソテーに。唐揚げにしても、コンソメ麹だけでバッチリ味が決まります。 鶏もも肉1枚なら漬け込み時間1〜3時間が目安ですが、一晩漬けてもOK！

麹は軽〜くぬぐって焼くのがおすすめ

オーブンでもフライパンでもOK！
じゃがいもミートグラタン

じゃがいもはこれにされるために生まれてきたのではないかと
思うほどにおいしい、子どもも大好きなグラタンです。
じゃがいもを薄くスライスするので下茹で不要。
オーブンだとこんがり焼き色がつき、フライパンは早く仕上がります。

○ 材料（4人分）（麹なしOK）

じゃがいも（スライス）──────── 2〜3個（300g）
ミートソース、
ホワイトソース ──────── それぞれレシピの半量
　作り方は次のページで
オリーブオイル、ピザ用チーズ ──────── 各適量

○ 作り方

1 じゃがいもは水にさらし、水気をふきとる。

2 耐熱容器にオリーブオイルをぬり、半量のじゃ
　がいも→半量のミートソース→半量のホワイト
　ソースの順で重ねる。これをもう一度くり返す。

3 チーズをのせて、200℃に予熱したオーブンで
　35〜40分ほど焼く。焦げそうな場合は途中で
　アルミホイルをかぶせる。

フライパンで作る場合は、蓋をして弱〜弱中火で10〜15
分の蒸し焼きに。チーズは最後の5分でのせてください。

\じゃがいもを水にさらす/

1

\材料を重ねる/

2

\チーズをのせて焼く/

3

変幻自在の万能ミートソース

ごはんにのせてドリア、パスタやペンネのソースにも。
子ども大好き甘ロミートソースと、ちょっぴり大人な
気品のミートソース2種類のレシピをご紹介。

○ 作り方

1 フライパンにオリーブオイルを熱し、野菜とコ
ンソメ麹を入れて5分ほどしっかりと炒める。

MEMO コンソメ麹を炒めることで、旨みと甘みがひき立つ。
コンソメで代用する場合は、炒めずにAと一緒に加える。

2 ひき肉を加えて炒め合わせ、火が通ったらAを
入れて混ぜ、蓋をして弱火で10分ほど煮る。

○ 材料（作りやすい分量） 麹なし OK

【子ども大好き甘ロミートソース ver.】

豚ひき肉または合いびき肉 ……… 400g
玉ねぎ、人参（みじん切り） ……… 各1個
にんにく（みじん切りまたはすりおろす） ……… 1片
コンソメ麹 ……… 大さじ2
　（コンソメ大さじ1程度で代用OK）

A
トマトピューレ ……… 200g
　（トマト缶400gで代用OK
　　その場合は蓋をせずに煮詰める）
トマトケチャップ ……… 大さじ3
ウスターソース ……… 大さじ1と1/2
甘麹 ……… 大さじ1
　（砂糖やはちみつ大さじ1/2程度で代用OK）
　甘麹の作り方はP.116

オリーブオイル ……… 大さじ1

【ちょっぴり大人な気品のミートソース ver.】

ケチャップとウスターソースは入れずに、コ
ンソメ麹大さじ4、甘麹大さじ1で作ると、
ちょっとおしゃれなレストランのミートソース
のような、品のある仕上がりになります。

ミートソースに少量の
カレー粉やチリパウダーを加えて
炒めると即席タコライスにも！

米粉とコンソメ麹の
ホワイトソース

米粉で作るのでダマになりにくいレシピです。
たくさん作って冷凍しておくのもおすすめ。
コンソメ麹をバターと炒めて
旨みを凝縮させるのがポイント。

○ 材料（作りやすい分量） （麹なし OK）

バター ································ 40g
コンソメ麹 ···················· 大さじ1
（コンソメ大さじ1/2程度で代用OK）
米粉 ························· 大さじ4 (40g)
牛乳 ······························· 400ml

○ 作り方

1 フライパンまたは鍋にバターを溶かし、コンソメ麹を入れて弱中火で2～3分炒める。

 MEMO　コンソメ麹を炒めることで、旨みと甘みがひき立つ。コンソメで代用する場合は、炒めずに最後に牛乳と一緒に加える。

2 1に米粉を加えてさらに2～3分炒めたら、牛乳を数回に分けて入れ、その都度しっかりと混ぜながら熱し、なじませていく。

3 牛乳を全部入れたら、程よいとろみになるまで混ぜながら熱する。

なめらかにするために
牛乳は少しずつ加える

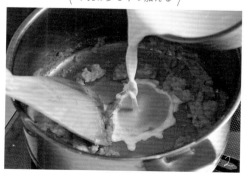

コンソメ麹パワーで ふわふわミートボール

よりふわっとさせたい人は玉ねぎを細かいみじん切りにして汁ごと使ってみて。
食べ応えが欲しい人は、逆に水気をよ〜く絞ってください。

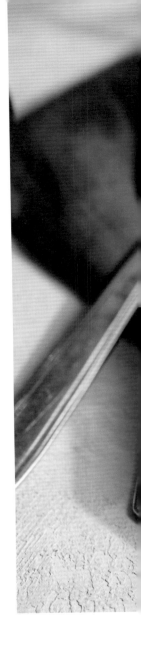

○ 材料（4人分）

【肉だねの材料】

A	合いびき肉	400g
	玉ねぎ（みじん切り）	1/2個（120g）
	コンソメ麹	大さじ2
	片栗粉	大さじ4

ぶなしめじ（石づきを切ってほぐす）……1株
オリーブオイル……小さじ2

【ソースの材料】

B	トマトピューレ	100g
	（トマト缶150〜200gで代用OK その場合水は不要）	
	コンソメ麹、中濃ソース、トマトケチャップ	各小さじ2
	水	50ml

○ 作り方

1 Aをボウルに入れて手早くよくこね、大さじスプーン山盛り1程度の分量で丸く成形する。

　MEMO 時間をおくと、麹の力でやわらかくなりすぎてしまうので、こねたらすぐに成形する。

2 フライパンにオリーブオイルを熱し、1を入れて優しく転がしながら焼く。全面に焼き色がついたものから一度とり出す。

　MEMO できるだけ全面焼き付けると、煮込んだときに肉汁が流出するのを防いでくれる。やわらかいので優しく転がして。

3 同じフライパンにぶなしめじを入れる。1、2分炒めたら、フライパンの脂をキッチンペーパーでしっかりとふきとり、ミートボールを全て戻す。

　MEMO ソースが脂っぽくなるので念入りにふきとるのがおすすめ。

4 Bを混ぜてから加え、ミートボールと軽くなじませたら、蓋をして弱火〜弱中火で5分ほど煮る。中までしっかり火が通ったら、蓋をとり軽く煮詰める。

\転がしながら全面を焼く/

\肉汁や油を
しっかりふきとる/

\ソースを加えて煮る/

じゃがいもにのせて
蒸すと鮭がバサつかず
ふっくらする

じゃがいもに味をしみ
込ませながら煮る

鮭じゃが バターコンソメ

ふっくらとした鮭と、煮汁を吸って蒸されたじゃがいもは、シンプルながら絶品。コンソメ麹とバターの組み合わせは、その他の野菜の蒸し煮や炒め物にも重宝します。

○ 材料（4人分）

生鮭の切り身（3等分にそぎ切り）	4切れ（320g 程度）
コンソメ麹	大さじ1と1/2

鮭にコンソメ麹をまぶして漬けておく

じゃがいも（半月切り）	2個（300g）
米粉	大さじ1と1/2
A｜ コンソメ麹	小さじ1
｜ 水	50㎖
醤油	大さじ1/2
バター	10g
追加のバター	5g

○ 作り方

1 鮭はコンソメ麹をまぶして、30分程度漬ける（一晩おいてもOK）。じゃがいもは水にさらし、水気をよくふきとる。

2 1の鮭に米粉をまぶす。フライパンにバターを溶かし、鮭を入れて焼く。焼き色がついたらひっくり返してはじに寄せる。

3 あいたところに追加のバターを溶かし、じゃがいもを加えて焼く。焼き色がついたらひっくり返して、鮭をじゃがいもの上にのせる。

4 Aを混ぜてからまわし入れて、蓋をして弱火〜弱中火で5分ほど煮る。じゃがいもがやわらかくなったら、中火にして醤油をまわし入れてさっと炒める。

中華麹 の作り方

これだけでもバッチリ味が決まる中華の素。餃子、麻婆豆腐など定番中華はもちろん、生のままナムル等にも使えます。ねぎが苦手な方でも、料理に使えば気にならなくなります。

MEMO

乾燥米麹を使い常温で発酵させる場合は、米麹に芯が残りやすいので、余裕があれば一手間かけて、乾燥米麹を生米麹にもどしてから使うのがおすすめ。

▼

乾燥米麹120gと分量内の60mlの水またはお湯（50〜60℃）を混ぜてラップをして、途中何度かかき混ぜて1〜2時間おく。あとは残りの材料を加えて発酵させると、米麹が芯までやわらかくなりやすくなる。

○ 材料（作りやすい分量）

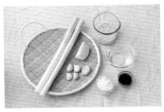

乾燥米麹	120g
長ねぎ	200g

白い部分から使い、足りなければ青い部分も入れて

玉ねぎ	50g
にんにく	20g
しょうが	10g
醤油	15ml
水	100ml
塩	55g

生米麹（120g）の場合は水50ml、塩50g

○ 作り方

1 米麹・塩・水・醤油・野菜をよく混ぜる

野菜は水と一緒にフードプロセッサーにかけてもOK

全ての材料をよくかき混ぜる

野菜はミキサーなどですりおろす。保存容器に米麹と塩を入れてまんべんなく混ぜる。水、醤油、すりおろした野菜を加えてさらによく混ぜ、密閉せずに蓋をする。

基本の使い方

「 鶏ガラスープの素の約2倍量で置き換える 」

スープの味つけに

水	中華麹
200〜250ml ：	大さじ1

が目安

中華麹と具材の旨みだけでちゃ〜んとおいしくなりますが、ごま油や少しの醤油を入れるとより中華っぽさが出ます。中華麹は最後に入れず、具材と一緒に炒めて煮ると、旨みと甘みが増します。

2　常温または 55〜60℃で発酵させる

常温発酵の場合:
直射日光の当たらない室内で1〜2週間を目安に発酵させる。1日1回清潔なスプーンやヘラなどでかき混ぜる（カビないように、容器の内側の側面やふちについた中華麹を、ヘラ等でぬぐっておくと良い）。
※室温について詳しくはP.19参照

55〜60℃発酵の場合:
ヨーグルトメーカーなどの発酵器で55〜60℃で8時間発酵させる。1時間半〜2時間後に1回かき混ぜて、その後はできれば2〜3時間おきにかき混ぜるのがおすすめ。

○にんにくとしょうがは、子どもでも気にならず大人もおいしい絶妙な分量です。パンチがほしければ、お好みでそれぞれ10gずつ増やしてもOK。
○にんにく、長ねぎ、玉ねぎの成分により、発酵させると青色や青緑色になることがありますが、自然な反応で身体に害はないので大丈夫。

3　米麹がやわらかく なったら完成

ブレンダー等でペースト状にすると使いやすい

米麹がやわらかくなったらOK！　米麹を指でつぶして芯が残らないのが理想的。密閉して冷蔵保存または冷凍保存する。作ってすぐは辛みを感じることがあるが、料理で加熱すれば気にならず、次第にまろやかになる。
（冷蔵後はかき混ぜなくてOK。しばらく使わないときはたまにかき混ぜるのがおすすめ。）

冷蔵保存で
3カ月
を目安に使い切って

チャーハンの 味つけに

ごはん		中華麹
200g	：	**大さじ1/2**

が目安

ごま油で卵1個と一緒にごはんを炒めて、中華麹もしっかり炒め合わせたら、醤油小さじ1程度をまわし入れて、基本の卵チャーハンの完成です。お好みの具材を入れてアレンジしてください。

炒め物 にも

余っている肉や野菜、魚介類等、ごま油で炒めて中華麹で味つけすれば、立派な炒め物が完成！　中華麹だけてもおいしいですが、お好みて少量の醤油やオイスターソースと合わせるのもおすすめ。

味つけひとつで驚きのおいしさ！
ひみつの中華麹唐揚げ

中華麹を仕込んだら、まずこれを作ってみてほしい。夫が唐揚げ専門店の唐揚げと勘違いした、
だけど、こんなにも簡単にできるということは決して言わない、ひみつの唐揚げ。
麹の力で鶏肉がやわらかくなり、旨み成分も増えるのでバッチリおいしくなるのです。

○ 材料（基本の分量）

鶏もも肉（一口大に切る）—————————— 200g
中華麹 ————————————————————— 大さじ1
ごま油 ————————————————————— 小さじ1/2
　肉に中華麹とごま油をもみ込み漬けておく
片栗粉 ————————————————————— 大さじ3
揚げ油 ————————————————————— 適量
お好みでレモン ————————————————— 適量

○ 作り方

1　鶏肉に中華麹とごま油をもみ込み、30分〜1
　時間程度漬ける（一晩おいてもOK）。

2　フライパンに3cm程度の高さまで揚げ油を入
　れて170℃に熱する。鶏肉の中華麹はぬぐ
　わず、片栗粉をしっかりとまぶして、きつね
　色になるまで揚げ焼きする。お好みでレモン
　を添える。

全ての中華麹を残らず
まとわせるように、
片栗粉はしっかりとまぶす

もっとたっぷりの油で
カリッと揚げても
もちろんOK

2

中華麹の代わりに
P.58 コンソメ麹や
P.106 カレールゥ麹で
作るのもおすすめ

その場合も分量は同じでOK

さきみとエリンギで ふわふわ卵のチリソース

節約食材がごちそうメニューに大変身。ささみを海老に変えれば、かさ増し海老チリに。
辛くないチリソースなので、大人はラー油をかけてもおいしいです。

○ 材料（4人分）

麹なし
OK

鶏ささみ（3〜4等分にそぎ切り）	300g
中華麹	大さじ1

肉に中華麹をもみ込み漬けておく
（ややしっかりめにふった岩塩で代用OK）

片栗粉	大さじ2〜3
エリンギ（輪切り）	1パック（2本）
卵（溶いておく）	2個
にんにく（スライス）	1片
しょうがスライス	1枚

A
トマトケチャップ	大さじ4
中華麹	小さじ2

（鶏ガラスープの素小さじ1程度で代用OK）

醤油麹	大さじ1と1/2

（醤油大さじ1で代用OK
その場合は本みりんを大さじ2にして）
醤油麹の作り方はP.44

本みりん	大さじ1

B
片栗粉	小さじ2
水	小さじ4

水	200ml
ごま油	大さじ1と1/2
お好みで小ねぎ	適量

○ 作り方

1 鶏ささみは中華麹をもみ込み、30分程度漬けてから（一晩おいてもOK）片栗粉をまぶす。

2 フライパンにごま油、にんにく、しょうがを入れて熱し、1の鶏ささみを入れて両面焼き色がつくまで焼いたら一度とり出す。

　MEMO にんにくとしょうがはとり出してもとり出さなくてもどちらでもOK。味によりパンチが欲しいときは、にんにくとしょうがをすりおろしてもOK。

3 同じフライパンにエリンギを入れて1〜2分炒めたら、Aを入れ1分程度軽く煮詰める。

4 水を入れて全体を混ぜ、煮立ったら鶏ささみを戻し入れ、2分程度煮詰める。一度火を止めて、Bの水溶き片栗粉を混ぜながらまわし入れ、再び加熱してとろみをつける。

5 グツグツしているところに溶き卵をまわし入れて、一呼吸おいてから底から優しくざっくりと混ぜ、火を止める。お好みで小ねぎを散らす。

　MEMO 余熱でも卵に火が入るので、半熟で火を止めるのがおすすめ。卵は混ぜすぎないことがふわっとさせるコツ。

＼ 鶏肉を焼く ／

＼ エリンギを炒め、合わせ
調味料を煮詰める ／

＼ 卵を加えて仕上げる ／

本格中華の味にたどりついた! 絶品担々麺

子どもも大人もおいしく食べられる、
SNSでも400万回以上再生された、皆さん大絶賛の自信作!
辛いものやねぎが苦手なお子さんにも、簡単に作り分けられる手順にしています。

○ 材料 (2人分) 麹なしOK

中華麺		2玉
A	長ねぎ (みじん切り)	1本
	にんにく (すりおろす)	2片
	しょうが (すりおろす)	小さじ1
	ごま油	大さじ2
B	豚ひき肉	150g
	甜麺醤	大さじ1

【ラーメンスープ　1人分】

C	白ねりごま	大さじ3
	中華麺、醤油	各大さじ1
	(中華麺は鶏ガラスープの素 大さじ1/2程度で代用OK)	
	オイスターソース	小さじ1
	りんご酢 (好みの酢でOK)	小さじ1/2
	ラー油	大さじ1/2
	熱湯	350ml
茹でた青菜		適量
お好みで白すりごま、 追加のラー油		各適量

○ 作り方

1　フライパンにAを入れて弱中火で熱し、5分程度よく炒めてから1人分ずつ丼に入れる。

2　同じフライパンにBを入れて、ひき肉に火が通るまで炒める。
　MEMO　AとBを一緒に炒めてもOK。その場合は食べるときに、ひき肉と長ねぎをしっかりスープに混ぜて。

3　Cを1の丼に入れてよく混ぜてスープを作る。辛いのが苦手な方やお子さんはラー油なしでもOK。

4　茹でた中華麺を3のスープに入れて、2のひき肉、茹でた青菜をのせる。お好みで白すりごま、追加のラー油をかける。
　MEMO　青菜は麺を茹でる前に同じ鍋でさっと茹でるとラク。

香味野菜を炒めて
それぞれの丼に入れる

丼で直接スープを作る

茹でた麺を入れて
あっという間に完成

P.85の
本格ぜいたくラー油と
相性バツグン

○ 材料（4人分）

豚ロース肉（しゃぶしゃぶ用）……… 250g

A 中華麹、醤油麹、味噌 ……… 各大さじ3
　混ぜ合わせたAの1/3量を肉にもみ込んでおく
　（中華麹は鶏ガラスープの素大さじ1と1/2程度、
　醤油麹は醤油大さじ2で代用OK）
　醤油麹の作り方はP.44

キャベツ（ざく切り）……………… 1/4個

人参（ピーラーでリボン状にする）… 1/2本

ぶなしめじ（石づきを切ってほぐす）… 1株

豆もやし ……………………………… 1/2袋

絹ごし豆腐 ……………………… 1丁（300g）

にんにく（スライス）………………… 1片

しょうがスライス …………………… 1枚

無調整豆乳 ……………………… 200〜300㎖

水 ……………………………………… 450㎖

ごま油 ………………………………… 大さじ1

お好みで白すりごま、ラー油 ……… 各適量

○ 作り方

1　混ぜ合わせたAの1/3量を豚ロース肉に
　もみ込み、その他の準備をしている間だ
　け常温しておく。

2　鍋にごま油、にんにく、しょうがを熱し、
　香りが立ったら、水と残りのAを入れてよ
　く混ぜる。野菜を入れて蓋をして熱する。

　MEMO　炒め物NGの土鍋の場合は、ごま
　油、にんにく、しょうが、水、残りのAを全て
　鍋に入れてから火にかける。にんにくとしょ
　うがはすりおろしてもOK。

3　煮立ったら弱火にし、野菜がやわらかくな
　るまで数分煮る。1の豚肉と豆腐を真ん中
　に入れて（豆腐はスプーンでざっくりとす
　くい入れる）、火が通るまで蓋をせず中火
　で煮る。アクが気になればとっておく。

4　無調整豆乳を入れて沸騰しない程度に
　熱し、仕上げにお好みで白すりごまをふ
　り、ラー油をかける。

　MEMO　豆乳は沸騰すると分離するので最後に
　投入（笑）。味の濃さを見ながら量を調整して。

P.85の
本格ぜいたくラー油と
相性バツグン

辛さ後入れ
豆乳し担々鍋

「今日は鍋でいっか。」いえ、「鍋がいい！」
と言わせる食べ応えもバッチリの鍋レシピ。
大人は後入れラー油でピリ辛にするレシピですが、
ラー油なしでも絶品です。
シメはラーメン、うどんどちらも合います。

味噌バターコーンラーメン

肉と野菜、麹調味料の旨みがしみ出たスープが絶品！
ひき肉と一緒に豆板醤を炒めて、ピリ辛にすると大人味になりますよ。

○ 材料（2人分） 麹なしOK

中華麺	2玉
玉ねぎ（薄切り）	1/6個
キャベツ（短冊切り）	1〜2枚
人参（縦半分に切って薄い斜め切り）	1/4本
A　長ねぎ（みじん切り）	1/2本
にんにく（すりおろす）	1片
しょうが（すりおろす）	小さじ1
豚ひき肉	100g
中華麹	大さじ3

（鶏ガラスープの素大さじ1と1/2程度で代用OK）

水	700〜800ml
醤油麹	大さじ1（醤油小さじ2で代用OK）

　醤油麹の作り方はP.44

味噌	大さじ3と1/2
ごま油	大さじ1と1/2

お好みでコーン、バター、
糸唐辛子 ……… 各適量

○ 作り方

1　鍋にごま油を弱中火で熱し、Aを入れて数分炒める。

2　香りが立ったら、豚ひき肉と中華麹を入れて中火で炒める。野菜を入れて炒め合わせたら、水を入れて蓋をして煮る。

MEMO　中華麹を炒めることで旨みと甘みがひきたつ。鶏ガラスープの素で代用する場合は、炒めずに水と一緒に加える。

3　沸騰したら弱火で5〜6分煮て、醤油麹と味噌を溶かす。

MEMO　醤油麹と味噌は最後に入れることで香りが生きる。

4　麺を茹でて丼によそい、3を具材ごと注ぐ。お好みでコーン、バター、糸唐辛子をのせる。

茹でない＆炒めない！
重ねて放置の そぼろ春雨

え!?　これだけでできるの!?　驚くほどあっという間に完成します。
インスタグラムでもリピーターさん続出のレシピを、さらにおいしくしました。
子どもたちが大好きな春雨をたっぷり使っています。

○ 材料（4人分）

合いびき肉 ──────── 200g

A ｜ 醤油麹、味噌
｜ 本みりん ──── 各大さじ1と1/2
｜ 中華麹 ──────── 小さじ1と1/2

肉にAをざっくりと混ぜておく
（醤油麹は醤油大さじ1強
中華麹は鶏ガラスープの素小さじ1程度で代用OK）
醤油麹の作り方はP.44

人参（細切り）──────── 1/2本
ピーマン（細切り）──────── 2個
えのき茸（食べやすい長さに切る）── 1/2株
春雨 ──────── 80g
にんにく（スライス）──────── 1片
しょうがスライス ──────── 1枚
水 ──────── 200㎖
ごま油 ──────── 小さじ2
お好みで白いりごま ──────── 適量

Aの調味料を、P.96 焼肉のたれ麹大さじ4〜に替えてもおいしい。キャベツや小松菜、他のきのこ類等、冷蔵庫にある野菜できらくに作って。

\ 肉に調味料をざっくりと混ぜる /

\ 材料を順に重ねて蒸し煮 /

\ ほぐし混ぜて完成 /

○ 作り方

1 合いびき肉に、混ぜ合わせたAをざっくりと混ぜ、その他の準備をしている間だけ常温ておく。

2 深さのあるフライパンにごま油、にんにく、しょうがを入れて弱火で熱し、香りが立ったら火を止める。

3 乾燥したままの春雨を広げて入れ、その上に1のひき肉を広げてのせる。さらに、火の通りにくい人参から、えのき茸、ピーマンの順に重ねる。水をまわし入れ、蓋をして中火で8分ほど蒸し煮する。

MEMO 蓋の気密性により水分の蒸発量に差があるので、必要に応じて水を追加する。

4 全体をほぐしながら炒め合わせたら、お好みて白いりごまをふる。

人参とえのき茸の
チーズ入り米粉チヂミ

おつまみはもちろん、小腹が空いたときや
あと1品足りないとき等、いろいろな場面で活躍してくれる
万能レシピ。米粉で作るのでややもちっと食感です。

○ 作り方

1 卵をボウルに割り入れて溶きほぐし、Aを加えて
　泡立て器でよく混ぜる。野菜、ピザ用チーズも加
　えて混ぜ合わせる。

2 フライパンにごま油大さじ1を熱し、1の半量を
　平らに広げ入れて焼く。焼き色がついたらひっくり
　返し、周りから追加のごま油小さじ1をまわし入
　れて、もう片面も焼く。残りの生地も同様に焼き、
　食べやすい大きさに切って器に盛り、お好みで糸
　唐辛子をのせる。

3 混ぜ合わせたBのたれにつけて食べる。
　MEMO　P.44 醤油麹につけるだけでもOK。または、
　P.96 焼肉のたれ麹につけて食べてもおいしい。

○ 材料（作りやすい分量）　麹なしOK

【チヂミ2枚分の材料】

人参（細切り）	1/2本
えのき茸（食べやすい長さに切る）	1/2株
卵	1個

A
	中華麹	大さじ1/2
	（鶏ガラスープの素小さじ1程度で代用OK）	
	米粉	大さじ5
	片栗粉	大さじ3
	水	80㎖

ピザ用チーズ	大さじ3
ごま油	
	大さじ1と追加分小さじ1×2回分
お好みで糸唐辛子	適量

【たれの材料】

B
	醤油麹	大さじ2
	（醤油大さじ1強で代用OK）	
	醤油麹の作り方はP.44	
	りんご酢（好みの酢でOK）	大さじ1/2
	ごま油	小さじ1/2
	白いりごま	小さじ1
	お好みでラー油	適量

中華麹のスゴさがわかる！
子ども大好き卵スープ

まるで鶏ガラだしを使っているかのような味わい。
具材の旨みと甘みのバランスも絶妙なので、
まずはレシピ通りの具材で試してみてほしいです。

○ 材料（4人分） （麹なしOK）

椎茸（薄切り）	3枚
人参（細切り）	1/3本
玉ねぎ（大きめのみじん切り）	1/4個
卵（溶いておく）	2個
乾燥わかめ	大さじ1
中華麹	大さじ2

（鶏ガラスープの素大さじ1程度で代用OK）

濃口醤油	小さじ1
水	600㎖
ごま油	小さじ1

お好みで追加の
ごま油、白いりごま ────── 各適量

○ 作り方

1　鍋にごま油を熱し、野菜を入れて3分ほどしっかりと炒めたら、中華麹も入れて
　30秒ほど炒め合わせる。

　MEMO　中華麹は最初に炒めると旨みと甘みがひき立つ。
　鶏ガラスープの素で代用する場合は、炒めずに水と一緒に加える。

2　水を加えて蓋をして熱し、煮立ったら弱火で8分ほど煮る。

3　乾燥わかめ、醤油を入れたら、グツグツ煮立っているところに溶き卵をまわし入れ
　る。一呼吸おいてから優しくかき混ぜ、お好みでごま油、白いりごまを入れる。

無限に食べられる
腸活チョレギサラダ

生野菜を好まない息子から作ってと頼まれる、生野菜が苦手な方やお子さんにも、
一度試してみてほしいレシピです。茹でささみを入れてもおいしいです。

○ 材料（4人分）

麹なし
OK

絹ごし豆腐
（食べやすい大きさに切る）............ 100g

サニーレタス
（食べやすい大きさにちぎる）.... 3〜4枚

きゅうり（スライサーで小口切り）.... 1本

A	中華麹............ 小さじ1/2	
	（鶏ガラスープの素小さじ1/4程度で代用OK）	
	醤油麹............ 大さじ1	
	（醤油少なめ大さじ1と 砂糖かはちみつ小さじ1/2程度で代用OK） 醤油麹の作り方はP.44	
	りんご酢（好みの酢でOK） 小さじ1/2	
	ごま油............ 大さじ1と1/2	

のり............ 1/2枚

白いりごま............ 大さじ1/2

○ 作り方

1 大きめのボウルにAを入れて混ぜ、
   野菜を加えてざっくりとあえる。

2 絹ごし豆腐も加えて崩れないよ
   うに全体を優しくあえる。

3 器に盛り、ちぎったのりと白い
   りごまをふる。

ささみときゅうりとセロリの中華風腸活マリネ

食べた人みんなが大絶賛の自慢のレシピ。
作り置きのつもりが、箸が止まらず作り置けないので、
多めの分量になっています。半量で作ってもOK。

○ 材料（作りやすい分量）

鶏ささみ ───────── 400g

A | 長ねぎの青い部分 ───── 1本
  | しょうがスライス ───── 1枚

きゅうり（縦半分に切って斜め薄切り）── 2本

セロリ（薄切り） ───────── 1本

塩 ───────── ふたつまみ
　野菜に塩をまぶしておく

B | 中華麹、ごま油 ───── 各小さじ2
　（中華麹は鶏ガラスープの素小さじ1程度で代用OK）
  | 醤油麹、白すりごま ── 各大さじ2

（醤油麹は醤油大さじ1と1/2と
砂糖かはちみつ小さじ1程度で代用OK）
醤油麹の作り方はP.44

りんご酢（好みの酢でOK） ───── 小さじ1

○ 作り方

1 鍋に鶏ささみがかぶるくらいの分量の水とAを入れて火
にかける。沸騰したら鶏ささみを入れて、再度沸騰した
ら火を止めて蓋をし、10分ほど余熱で火を通す。鶏さ
さみの粗熱が取れたらほぐす。

　MEMO ささみは余熱で火を通すことでしっとり仕上がる。せい
ろ等で弱めの火加減で蒸すのもおすすめ。

2 野菜に塩をまぶして10分おいて水気を絞る。

3 ボウルでBを混ぜて、1のささみを加えてあえる。最後
に2の野菜も加えてよくあえる。

　MEMO 作ってすぐは中華麹の辛みが気になることも。15分ほど
おくと辛みがとび、味もよくなじみよりおいしくなる。

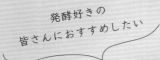

発酵好きの
皆さんにおすすめしたい

中国の発酵調味料

豆豉を使った
簡単本格レシピ

豆豉は、黒豆や大豆に塩を加えて発酵させて作る、中国由来の発酵調味料。
深いコクと旨み、さりげない風味をプラスして
一気に料理を格上げし、簡単に本格味にしてくれます。
辛さや香味野菜を控えることて感じていた、子どもと食べる中華の
物足りなさも、豆豉を使うだけで解決！
おうち中華をとびっきりおいしくするために研究を重ねてきた
とっておきの秘密兵器のレシピも大公開です。

使い方は簡単。いつもの中華料理や
炒め物にただ入れるだけでOK！

"売ってほしい"と懇願される自慢の味
本格ぜいたくラー油

かければ一気に本場の味になる、辛いだけじゃない、
魔法のようなぜいたくラー油。子どもと一緒に食べる中華も
本格味で楽しめる、試作を重ねてたどり着いた、
とっておきの秘密兵器です。

○ 材料 (作りやすい分量)

（麹なしOK）

A	太白ごま油	100ml
	赤唐辛子 (2〜3等分にちぎる)	4本 (3g)
	長ねぎの青い部分 (2cmのぶつ切り)	2本 (20g)
	玉ねぎ (大きめのみじん切り)	20g
	しょうが (大きめのみじん切り)	5g
	にんにく (スライス)	1片 (10g)
	豆豉 (できるだけ細かいみじん切り)	15g
	干しアミエビ (できるだけ細かくすりつぶす)	2g
B	カイエンペッパー	10g
	花椒パウダー	小さじ1/2 (1g)
	山椒パウダー	小さじ1/4 (0.5g)
	ごま油	大さじ1
	あれば五香粉	ひとふり

香味野菜をじっくり熱する

熱している間に刻む&すりつぶす

熱々のオイルをスパイスに注ぐ

○ 作り方

1 Aを小鍋に入れて、弱火でじっくり15分ほど熱する
（赤唐辛子は種ごと入れる）。

2 その間に豆豉はできるだけ細かく刻む。干しアミエビ
はすり鉢等ですりつぶして粉状にする。

3 焦げる前に網などで1の具材をとり出し、刻んだ豆豉
を加え、2〜3分熱する（とり出した具材は使わない）。

4 2の干しアミエビとBを耐熱性のガラス容器に入れて
混ぜ、熱々の3を豆豉ごと注いでよく混ぜる。常温ま
たは冷蔵保存で1カ月を目安に使い切る。

（MEMO）スパイスと少量のごま油を混ぜておくことで、熱々の
油を入れたときに、スパイスが焦げるのを防ぐ。

085

P.85の
本格ぜいたくラー油と
相性バツグン

絶品！野菜入り麻婆豆腐

一度食べたら豆鼓なしの麻婆豆腐には戻れない！
我が家の定番レシピです。辛さは後入れなので、お子さんもパクパク食べられますよ。
野菜もたっぷりなので栄養バランスもバッチリです。

○ 材料（4人分） 麹なしOK

豚ひき肉	200g
中華麹	大さじ1

肉に中華麹をざっくりと混ぜておく
（鶏ガラスープの素大さじ1/2程度で代用OK
その場合は肉と混ぜずに作り方5で水と一緒に加える）

絹ごし豆腐（さいの目切り）	1丁（300g）
茄子（半月切り）	1本
いんげん（2〜3cmの長さに切る）	15本
豆鼓（みじん切り）	大さじ1
A にんにく（すりおろす）	1片
A しょうが（すりおろす）	小さじ1
甜麺醤	大さじ1と1/2
水	200㎖
醤油	小さじ1
B 片栗粉	大さじ1
B 水	大さじ2
ごま油、追加のごま油	各大さじ1
お好みでラー油	適量

○ 作り方

1 豚ひき肉に中華麹をざっくりと混ぜ、その他の準備をしている間だけ常温でおく。茄子は水にさらしておく。

2 フライパンにごま油と豆鼓、Aを入れて熱し、香りが立ったら1の豚ひき肉を加えてほぐしながら炒める。

3 ひき肉に8割ほど火が通ったら、水気をふいた茄子といんげんも加えて1〜2分炒める。甜麺醤を入れてさらに1〜2分炒め合わせる。

4 フライパンの真ん中をあけ、水気をふいた豆腐を加えたら、あまり触らず水分をとばすために1〜2分焼く。

5 水と醤油を加えて5分ほど煮る。

6 Bを混ぜてから加え、豆腐を崩さないように気を付けながらとろみをつける。最後にフライパンのふちから追加のごま油をまわし入れて、1分ほどグツグツと熱する。器に盛り付けてからお好みでラー油をかける（ラー油はごま油と一緒にまわし入れてもOK）。

＼ 香味野菜と豆鼓を香り立たせる ＼

／ 具材と甜麺醤を炒める ＼

／ 豆腐の水分をとばしてから煮る ＼

我が家の大人気メニュー
蒸しダラの豆豉香味オイルがけ

タラが1人ひと切れでは足りなくなるくらい、
とにかく絶品！　野菜は多めに蒸すことをおすすめします。
豆豉、にんにく、しょうがはできるだけ細かく刻むのが我が家流です。

フライパンにクッキングシートを
敷き、その下に少量の水を入れて
蒸し焼きしても作れる！

○ 材料（4人分）　　麹なしOK

生タラの切り身	4切れ
キャベツ（ざく切り）	2枚〜お好みで
エリンギ（短冊切り）	1本〜お好みで

A
豆豉（みじん切り）	小さじ1
にんにく（みじん切り）	1/2片
しょうが（みじん切り）	小さじ1

B
醤油麹	大さじ1と1/2
（醤油大さじ1強とはちみつ小さじ1/2で代用OK）	
水	大さじ1

C
白髪ねぎ、	
みょうが、大葉（ともに千切り）、	
カイワレ菜またはスプラウト	各適量
ごま油	大さじ1と1/2

○ 作り方

1 キャベツとエリンギをせいろに広げる。その上に
タラをのせて蓋をして、沸騰した鍋の上で10分
ほど蒸す。

2 キャベツ、エリンギ、タラを器に盛り、Bを混ぜて
から全体にまわしかける。タラの上にCをたっぷり
のせる。

3 小さなフライパンにごま油とAを入れて、弱火で
熱する。香りが立ったら中火にしてごま油をしっ
かり熱し、2のCの上にジュ〜ッとまわしかける。

海老と厚揚げの豆豉炒め

具材を全て同時に炒めたら、合わせ調味料をからめてもう完成。
シンプルな手順からは想像できない本格的な味わいです。

○ 材料（4人分）
麹なし
OK

むき海老	160g	

A
| 塩 | 小さじ1/2 |
| 片栗粉 | 小さじ1 |

海老にAをもみ込んで洗い、臭みをとる

絹厚揚げ（食べやすい大きさに切る）── 2枚（280g）
生きくらげ（食べやすい大きさに切る）── 3〜4枚
（もどした乾燥きくらげでもOK
　その場合は小さいので少し多めがおすすめ）

豆豉（みじん切り）────── 大さじ1

B
| 中華麹、はちみつ ── 各小さじ1 |
| （中華麹は鶏ガラスープの素小さじ1/2程度で代用OK） |
| オイスターソース ──── 大さじ1 |
| 水 ──────── 大さじ2 |
| 片栗粉 ─────── 小さじ2 |

ごま油 ──────── 大さじ1

○ 作り方

1 むき海老にAをもみ込み、水でよく洗って臭みをとる。

2 フライパンにごま油と豆豉を入れて熱し、1のむき海老、厚揚げ、きくらげを加えて炒める。

3 Bを混ぜてから加えて炒め合わせる。

かんたん Holiday MENU

クリスマスや誕生日など、ごちそうを振る舞いたいときによく登場するとっておきの（実は簡単な）レシピたち。
メインはオーブン任せで付け合わせまで同時にできて、残る2品もドーンと火にかけるだけ♪

マスタードローストチキン
→P.92

パーティーメニューには、
お手軽にできるものを
うまく組み込んで…

簡単
塩麹アヒージョ
→P.93

とうもろこし
フレークの
塩麹コーンスープ
→P.94

丸1日しっかり
漬けて味をしみ込ませる

漬けだれを肉に
ぬってオーブンへ

焼けたら
肉汁を
かける

肉汁を生かして
ペンネを仕上げる

マスタードローストチキンと
同時にできる じゃがいもと ペンネ

SNSでも100万回以上再生された大人気レシピなので、
ローストチキンの味つけに、麹調味料は使っていないけれど
紹介します。たれの味がしみたじゃがいもも絶品。
お手軽に鶏もも肉で作ってもおいしいです。

○ 材料（2人分） 麹なしOK

骨つき鶏もも肉	2本
A 粒マスタード	大さじ1
醤油	大さじ3
はちみつ	小さじ2
にんにく（すりおろす）	1片
ローズマリー（なければ省いてOK）	1本

肉をAに漬けておく

じゃがいも（7〜8mm幅の輪切り）	2個
オリーブオイル	適量
ペンネ（塩を入れて袋の表示通り茹でる）	60g
お好みで醤油麹	適量（醤油で代用OK）

醤油麹の作り方はP.44

○ 作り方

1 Aを混ぜて、骨つき鶏もも肉にもみ込んで1日漬けておく。
じゃがいもは水にさらしておく。

2 オーブンOKのフライパンやオーブン天板にオリーブオ
イルを薄くぬり、水気をきったじゃがいもを敷きつめる。
その上に骨つき鶏もも肉をのせて、漬けだれを全てぬる。

3 200℃に予熱したオーブンで30〜35分焼く（オーブン
により焼き時間を調節）。

4 出てきた肉汁を骨つき鶏もも肉にかける。

5 焼けた骨つき鶏もも肉とじゃがいもをお皿に移す。茹でた
ペンネをフライパンに残った肉汁とからめ、お好みで醤油
麹で味をととのえる。

KALDYで購入できる、ペルシュロンの種入りマスタードを愛用。
原材料がシンプルで、辛みも気にならないので子どもも一緒に
食べています。

簡単塩麹アヒージョ

塩麹の旨みで、アンチョビなしでもバッチリ味が決まります。
さっとあえて火にかけるだけなのでとっても簡単です。

> たこ、エリンギ、パプリカ、
> ミニトマトを入れてもおいしい。
> お好みでバゲットを添えて。

○ 材料（4人分）

むき海老	150〜160g
A　塩	小さじ1/2
片栗粉	小さじ1

海老にAをもみ込んで洗い、臭みをとる

マッシュルーム（2等分に切る）	6個
ブロッコリー（小房に分ける）	1/2株
にんにく（みじん切り）	3片
塩麹	大さじ1（岩塩適量で代用OK）

塩麹の作り方はP.22

オリーブオイル	適量

○ 作り方

1 むき海老にAをもみ込み、水で
よく洗って臭みをとる。

2 小さめのフライパンに1のむき
海老、マッシュルーム、ブロッ
コリーを入れて、塩麹とあえ
る。隙間ににんにくを入れたら、
具材の半分の高さまでオリーブ
オイルを注いで火にかけ、7分
ほど煮る。

とうもろこしフレークの塩麹コーンスープ

手間がかかるコーンスープは、フレークにお任せ。
子どもの離乳食期に出合った便利な野菜フレークには、離乳食作りの際に随分と助けられました。
今でもたまに、こうして使っています。

● 材料（2人分）

とうもろこしフレーク	大さじ9
牛乳	300㎖
塩麹	小さじ1/2（岩塩適量で代用OK）
塩麹の作り方はP.22	
バター	5g
お好みで黒コショウ	適量

ダマにならないように
牛乳が冷たいうちにとうもろこしフレークを
入れて、泡立て器で混ぜながら温めて。

● 作り方

小鍋に黒コショウ以外の材料を全て入れて、とうもろこしフレーク
が溶けるまで混ぜながら加熱する。お好みで黒コショウをふる。

第三章

焼肉のたれ麹・カレールウ麹 のレシピ

子どもも大人も大好きなあの味たちを麹で再現しました！

カレーや焼肉のたれの複雑なおいしさも、

これだけでバッチリ味が決まります。

だから、料理に使うときは、作り方も本当にシンプルでいいんです。

焼肉のたれ麹 の作り方

驚くほどに焼肉のたれそのもの。炒めものにも使えます。塩分濃度が低め＆甘さが重要なので、必ず55〜60℃で発酵させます。変わり種の麹調味料の中で、一番少ない材料で作れるのもうれしいポイント。

○ 材料（作りやすい分量）

乾燥米麹	100g
玉ねぎ、りんご	各40g
にんにく	10g
しょうが	5g
醤油	150㎖（180g）
水	40㎖
ごま油、白すりごま	各大さじ1

生米麹（130g）の場合は
玉ねぎとりんご各45g、水は不要

○ 作り方

1　米麹・水・醤油・野菜と果物をよく混ぜる

野菜と果物は水や醤油と一緒にフードプロセッサーにかけてもOK

よくかき混ぜる

野菜と果物はミキサーなどですりおろす。保存容器に米麹と水と醤油、すりおろした野菜と果物を加えてよく混ぜ、**密閉せずに蓋をする**。

基本の使い方

焼いた肉や野菜に つける

「 焼肉のたれと
同量〜やや多め
で置き換える 」

麹と野菜の旨みと
甘みで絶品！

加熱せず、焼いた肉や野菜、茹で・蒸し野菜につけて。何もないときはごはんに混ぜるだけの「焼肉のたれ麹ごはん」もおいしいです。

2 55〜60℃で発酵させる

○甘さを出したいのと、他の麹調味料と比べて塩分濃度が低めなので、必ず常温ではなく55〜60℃で発酵させてください。

○塩分濃度が低めなので、日もちも他の麹調味料より短いので気をつけてください。

ヨーグルトメーカーなどの発酵器で55〜60℃で8時間発酵させる。1時間半〜2時間後に、上部にすりおろした野菜が浮くので1回かき混ぜて、その後はできれば2〜3時間おきにかき混ぜるのがおすすめ。

3 米麹がやわらかくなったら ごま油とごまを混ぜて完成

ごま油と白すりごまは食べるときに入れるのでもOK

冷蔵保存で
2〜3週間
を目安に使い切って

麹がやわらかくなったら、仕上げにごま油と白すりごまを混ぜて完成！ 密閉して冷蔵保存または冷凍保存してください。

肉や魚を 漬ける

肉や魚		焼肉のたれ麹
100g	:	**大さじ1**

が目安

30分〜1時間漬けておくだけで、しっかり味のしみた焼肉屋さんのあのお肉に！ 麹がやや焦げやすいですが、薄めの肉の場合はぬぐわずに焼いてOKです。

炒め物 にも

いつもの炒め物に加えるだけでもおいしい。子どもウケも抜群の味つけなので、困ったときにパパッと作れて重宝します。肉でも野菜でも本当に何でもOK！

辛くない チーズタッカルビ

焼肉のたれ麹を使えば、深みのある味も簡単に。
あれこれ混ぜなくても少ない調味料でしっかりおいしく
辛くなくても大人も満足できる味です！ フライパンでも作れます。

○ 材料（4人分）

唐揚げ用サイズの鶏もも肉	400g
A 焼肉のたれ麹	大さじ4
（焼肉のたれ大さじ3程度で代用OK）	
トマトケチャップ	大さじ3
肉にAをもみ込み漬けておく	
キャベツ（ざく切り）	1/4個
人参（半月切り）	1/2本
さつまいも（半月切り）	1/2本
ピザ用チーズ	多めのふたつかみ
ごま油	小さじ2

○ 作り方

1 鶏もも肉にAをもみ込み30分〜1時間程度漬ける（一晩おいてもOK）。さつまいもは水にさらしておく。

2 ホットプレートにごま油を熱し、漬けだれの汁気をきった鶏肉を入れて中温で焼き、両面焼き色がついたら一度とり出す。

> **MEMO** 焦げやすいのでできる範囲で漬けだれを落とし、表面に焼き色がつく程度にさっと焼く。漬けだれはとっておく。

3 水気をきったさつまいも、キャベツ、人参と、残った漬けだれを入れてさっと炒める。2の鶏肉を野菜の上に広げてのせて、蓋をして7分ほど蒸し焼きにする。

> **MEMO** 野菜の上に鶏肉をのせることで、鶏肉はジューシーに、野菜は鶏肉の旨みを吸っておいしくなる。

4 具材に火が通ったら、ホットプレートの真ん中をあけてピザ用チーズを入れ、蓋をしてチーズがとろけるまで1〜2分蒸し焼きにする。チーズをからめながら食べる。

OFF WARM LOW MED HI

鶏肉に下味をつける

鶏肉を焼く

野菜の上に鶏肉をのせて
蒸し焼きにする

1

2

3

グルグル混ぜて焼くだけ！
ささみのピカタ

子どもウケバッチリのレシピ。
ボウルに食材を次々と入れて菜箸でグルングルン混ぜて焼くだけ、
味つけもひとつだけなので作り手ウケも抜群です！

○ 材料（4人分） 麹なしOK

鶏ささみ (食べやすい大きさにそぎ切り) ── 400g
面倒なら、ボウルの中でキッチンバサミを
使って切ると楽チン

焼肉のたれ麹 ───────── 大さじ4
肉に焼肉のたれ麹をもみ込み漬けておく
（焼肉のたれ大さじ3程度で代用OK）

卵 ───────────────── 1個

米粉 ──────────────── 大さじ6

バター ─── (10gと追加分5g)×2回分

○ 作り方

1 鶏ささみはボウルに入れて、焼肉のたれ麹をも
み込み30分〜1時間程度漬ける（一晩おいて
もOK）。

2 1に卵を割り入れ、菜箸でグルグルと混ぜてな
じませたら、米粉を入れてさらによく混ぜる。

3 フライパンにバター10gを溶かし、2の鶏肉を
半量入れて焼く。片面に焼き色がついたらひっ
くり返して、追加のバター5gを加え、蓋をして
弱火で蒸し焼きにして中まで火を通す。残りの
鶏肉も同様に焼く。

\ 焼肉のたれ麹をグルングルン！ /

1

\ 卵と米粉を入れてグルングルン！ /

2

\ バターで焼く /

3

漬けて焼くだけ
オーブンチャーシュー

時間はかかるけれど、ほとんどオーブンが頑張ってくれるので楽チン♪
しっかり漬けて薄めに切り、温かいうちに食べるのがおすすめです。

○ 材料 (作りやすい分量)

豚肩ロース肉 ———————————————————— 300g
　　生焼けを防ぐため、1本分は300gが目安
　　多めに作りたいときは本数を増やすのがおすすめ

A ┃ 焼肉のたれ麹 ———————————— 大さじ4と1/2
　 ┃ はちみつ ————————————————— 大さじ1

　　肉にAをもみ込み漬けておく
　　焼く1時間程度前に常温にもどしておく

水 ———————————————————————————— 大さじ1
オーブンで焼いたときに出た肉汁 ———————— 適量

○ 作り方

1 豚肩ロース肉は、表面に目立つ脂身の塊があれば切り落とし、フォークを刺して全体に穴を開ける。Aをもみ込み、丸1日〜できれば2日程度漬ける。

2 耐熱容器や天板にクッキングシートを敷き、漬けだれを軽くぬぐった1をのせる。210℃に予熱したオーブンで20分焼く（漬けだれは小鍋にとっておく）。

3 焦げを防ぐためクッキングシートを新しいものにとり換える（出た肉汁はとっておく）。肉をひっくり返して漬けだれを薄くぬり（小さじ2程度）、再度20分焼く。

　(MEMO) オーブンにより、焦げそうな場合は温度を下げたりアルミホイルをかぶせたりする。

4 オーブンから出して、アルミホイルで包んで15分程度おいてから薄く切る。

　(MEMO) すぐに切ると肉汁が流れ出てしまうため。

5 2の残った漬けだれに水大さじ1、焼いたときに出た肉汁を加えて、ひと煮立ちさせ、器に盛った4の上にかける。

　(MEMO) 漬けだれは生肉に触れていたのでしっかりと沸騰させる。

漬けだれをぬぐって
オーブンで焼く

ひっくり返して
漬けだれをかけて
もう一度オーブンに

漬けだれと焼いたときの肉汁で
ソースを作る

味つけひとつで 簡単ふわふわ ナゲット

揚げたそばから子どもたちがキッチンにつまみ食いしにくる（ついでに私もつまみ食いする）、子どもも大人も大好きなレシピです。冷めてもおいしいので、お弁当のおかずにもぴったり。おつまみにもなります。おすすめはジューシーな鶏ももひき肉ですが、鶏胸ひき肉や、ももと胸を混ぜたものでもお好みてOKです。

○ 材料（4人分） 麹なしOK

A
鶏ひき肉	500g
（好みの部位でOK）	
卵	1個
焼肉のたれ麹	大さじ5
（焼肉のたれ大さじ3と1/2程度で代用OK）	
片栗粉	大さじ6

揚げ油 ──────── 適量
お好みでレモン ──────── 適量

○ 作り方

1 Aの材料をボウルに入れてこねる。

2 フライパンに1〜2cmの高さまで揚げ油を入れて、160〜170℃に熱する。スプーンやヘラで肉だねをすくい入れて平らにして、両面3〜4分程度ずつ揚げ焼きする。

MEMO 中心部が生焼けになりやすいので、平らにするとよい。

焼肉のたれ麹の味がしっかりとつくので、何もつけなくてもおいしいです。お好みでレモンをしぼるのも、さっぱりとしておすすめ。

\ 材料を全てこねる /

\ スプーンやヘラで肉だねをすくい入れる /

\ 平らにして両面揚げ焼きする /

カレールゥ麹 の作り方

これひとつでバッチリ味が決まり、カレー以外にも幅広く使えます。辛さなしで作り、料理に使う際に、最後にカレー粉をプラスすれば、子どもも大人もおいしく食べられます。

MEMO

乾燥米麹を使い常温で発酵させる場合は、米麹に芯が残りやすいので、余裕があれば一手間かけて、乾燥米麹を生米麹にもどしてから使うのがおすすめ。

▼

乾燥米麹90gと40mℓの水またはお湯（50〜60℃）を混ぜてラップをして、途中何度かかき混ぜて1〜2時間おく。あとは残りの材料を加えて発酵させると、米麹が芯までやわらかくなりやすくなる。

○ 材料（作りやすい分量）

乾燥米麹	90g
玉ねぎ、トマト	各100g
人参、セロリ、りんご	各25g
にんにく	15g
しょうが	10g
醤油	15mℓ
カレー粉	50g

水	40mℓ
塩	55g

生米麹（90g）の場合は、塩50g、水は不要

辛さなしで作る場合はターメリック10g、クミン20g、コリアンダー20gで作って。辛さのないカレー粉で作ってもOK。

○ 作り方

1 米麹、塩、カレー粉、水、醤油、野菜と果物をよく混ぜる

野菜や果物は水や醤油と一緒にフードプロセッサーにかけてもOK

全ての材料をよくかき混ぜる

野菜と果物はミキサーなどですりおろす。保存容器に米麹と塩を入れてまんべんなく混ぜたら、カレー粉も加えて混ぜる。水と醤油、すりおろした野菜と果物を加えてよく混ぜ、密閉せずに蓋をする。

基本の使い方

カレールゥと
置き換える

スープの 味つけに

水	：	カレールゥ麹
200〜250mℓ		大さじ1

が目安

他の調味料を使わなくても、おいしいカレー味のスープができます。カレールゥ麹は最後に入れるのではなく、具材と一緒に炒めて煮ると、旨みと甘みが増してよりおいしく作れます。

2 常温または 55〜60℃で発酵させる

常温発酵の場合:
直射日光の当たらない室内で1〜2週間を目安に発酵させる。1日1回清潔なスプーンやヘラなどでかき混ぜる（カビないように、容器の内側の側面やふちについたカレールゥ麹を、ヘラ等でぬぐっておくと良い）。
※室温について詳しくはP.19参照

55〜60℃発酵の場合:
ヨーグルトメーカーなどの発酵器で55〜60℃で8時間発酵させる。1時間半〜2時間後に1回かき混ぜて、その後はできれば2〜3時間おきにかき混ぜるのがおすすめ。

味に深みが出るので、レシピ通り作るのがおすすめですが…
○人参、りんごは片方を省いてどちらかを50gにしてもOK。
○セロリを省くときは人参かりんごを25g増やして。

3 米麹がやわらかくなったら完成

ブレンダー等でペースト状にすると使いやすい

米麹がやわらかくなったらOK！米麹を指でつぶして芯が残らないのが理想的。密閉して冷蔵または冷凍保存してください。日もちはしますが、スパイスの風味はゆ〜っくりですが弱くなるので、おいしいうちに使って。
（冷蔵後はかき混ぜなくてOK。しばらく使わないときはたまにかき混ぜるのがおすすめ。）

冷蔵保存で3カ月
を目安に使い切って

肉や魚を漬ける

肉や魚	:	カレールゥ麹
200g	:	大さじ1

が目安

漬け込み時間の目安は、薄い肉や一口大の肉、魚の切り身なら、30分〜1時間。鶏もも肉1枚程度なら1〜3時間。一晩漬けておいてもOK！ソテーや、片栗粉をつけて揚げてもおいしいです（P.70の唐揚げもおすすめ）。

炒め物にも

家にある野菜を炒めて、カレールゥ麹を炒め合わせるだけで、バッチリおいしいカレーソテーに。お好みで少量の醤油やソース類を入れてもおいしい。細切りピーマンとじゃがいものカレーソテーは、お弁当にもおすすめです。

カレールゥ麹で作る
基本の麹カレー

味つけはカレールゥ麹だけ！ 作り方も市販のカレールゥとほぼ同じ。
子どもが大好きな定番のカレーが健康的て簡単に作れます。

【アレンジを楽しんで】

飴色炒め玉ねぎ、トマトペースト、チャツネ、少量のココアパウダー
（小さじ1/2程度）、P.116甘麹（大さじ1程度）やはちみつ（小さじ1
程度）など、あれば隠し味を入れるとさらにコクが深まります。
甘麹やはちみつは、作り方3で入れてしっかり加熱する。ココアパウ
ダーは、鍋の中の温まった少量の煮汁で溶いてから入れると良い。

＼肉の表面をサッと焼く＼

○ 材料（4人分）

お好みの肉	300g
カレールゥ麹（漬け込み用）	大さじ1と1/2

肉にカレールゥ麹をもみ込み漬けておく

玉ねぎ（輪切り）	1個
人参（半月切りまたはいちょう切り）	1/2本
じゃがいも（乱切り）	1〜2個

さつまいもにするのもおすすめ

カレールゥ麹（味つけ用）	大さじ5程度

気密性の高い鍋蓋を使用した場合の分量

水またはだし	600ml
A｜米粉、水	各大さじ5
油	適量
お好みでカレー粉やガラムマサラ、岩塩	各適量

○ 作り方

1　肉に漬け込み用のカレールゥ麹をもみ込み30分〜1時間程度漬ける（一晩おいてもOK）。じゃがいもは水にさらしておく。

2　鍋に油を入れて熱し、1の肉の表面を焼く。野菜も入れて炒め合わせたら、味つけ用のカレールゥ麹を加えて焦げないようにさっと炒める。

3　水またはだしを入れて蓋をして熱し、煮立ったら軽くアクをとる。再度蓋をして弱火で20分ほど煮込み、具材にしっかり火を通す。

MEMO　使用する鍋蓋の気密性や煮込み具合により、水分の蒸発量が変わるので、味の濃さは様子を見て調整が必要。

4　鍋の火を止めて、鍋をかき混ぜながら、よく混ぜたAをまわし入れる。しっかりと混ぜながら、煮立つまで加熱してとろみをつける。

MEMO　ダマになりやすいので必ず火を止め、鍋の中を絶えずかき混ぜながら入れる。

5　お好みでカレー粉やガラムマサラ、岩塩を足して、辛さや味の濃さを調整する。

MEMO　カレールゥ麹を後入れすると、加熱が不十分で酵素の作用でとろみがゆるくなることがあるので、後入れにはカレー粉等のスパイス、岩塩を使うのがおすすめ。

野菜とカレールゥ麹も
炒め合わせる

具材が煮えたら水溶き米粉で
とろみをつける

辛くないカレールゥ麹を
使った場合は、大人は最後に
カレー粉等で辛みと風味をプラスして

ヨーグルトなしで
やわらかバターチキンカレー

カレールゥ麹のパワーで鶏肉がやわらかくなるので、ヨーグルトは使いません。
トマトピューレで作るとやや濃厚に、トマト缶で作るとややさっぱりめに仕上がります。
ちなみに我が家は息子がトマト缶の果肉を嫌がるので、トマトピューレ率が高いです。

○ 材料（4人分）

鶏もも肉（食べやすい大きさに切る）............... 2枚（600g）
カレールゥ麹 大さじ6
　肉にカレールゥ麹をもみ込み漬けておく

玉ねぎ（みじん切り）................................. 1個
トマトピューレ 200g
　（トマト缶400gで代用OK。その場合水は不要）

牛乳 .... 400㎖
にんにく（すりおろす）.............................. 1片
しょうが（すりおろす）.............................. 小さじ1
塩 .... ふたつまみ
水 .... 200㎖
甘麹 .... 大さじ1〜2
　（はちみつ大さじ1/2程度で代用OK）
　甘麹の作り方はP.116

バター、追加のバター 各10g
オリーブオイル 小さじ2
お好みでカレー粉やガラムマサラ .... 適量

玉ねぎを炒めて鶏肉を焼く

トマトピューレまたはトマト缶を入れて煮る

甘麹やバター等で味をととのえる

○ 作り方

1 鶏もも肉はカレールゥ麹をもみ込み1時間程度漬けておく（一晩おいてもOK）。

2 フライパンまたは浅鍋に、オリーブオイルとバターを弱中火で熱し、玉ねぎ、にんにく、しょうがを入れる。塩をふってあまり触らず、薄茶色になるまでじっくりと炒める（焦げそうなら火加減を調節する）。

3 2に鶏肉をカレールゥ麹ごと入れて、両面焼き色がつくまで焼く。トマトピューレと水を加えて、蓋をせずに優しく混ぜながら、10分ほど煮詰めて鶏肉に火を通す。

4 牛乳、甘麹、追加のバターを入れて混ぜながら熱し、煮立ったら好みの加減まで煮る。辛さのないカレールゥ麹を使っている場合は、大人はお好みでカレー粉等を足す。

MEMO　大さじ1/2程度のピーナッツバターを加えたり、牛乳を300㎖に減らしてアーモンドミルクやオーツミルク100㎖を加えたりするとさらにコクが出る。

お手軽なのに本格味

フライパン タンドリーチキン

「これだけでこんなに本格的な味になるの!?」と、
誰もが驚く、カレールゥ麹のスゴさがわかる逸品です。
簡単なので、ぜひ試してみてください。

○ 材料（4人分）

鶏もも肉		2枚（600g）
A	カレールゥ麹	大さじ3
	プレーンヨーグルト	大さじ5
	あればピーナッツバター	小さじ1

肉にAをもみ込み漬けておく

オリーブオイルまたは
ココナッツオイル ─────── 適量
お好みでカレー粉やガラムマサラ ── 適量

○ 作り方

1 鶏もも肉は余分な脂を切り落とし、厚いところに包丁を入れて均一な厚さに開く。1枚を半分に
切り分け、Aをもみ込み1時間以上漬ける（一晩おいてもOK）。

2 フライパンにオリーブオイルまたはココナッツオイルを熱し、1の鶏肉を漬けだれをぬぐわずに、
皮目から焼く。焼き色がついたらひっくり返して、蓋をして弱中火で3分ほど蒸し焼きにする。

 辛くないカレールゥ麹を使っている場合は、大人はお好みで、焼く前に少量のカレー粉等を足して焼くの
がおすすめ。

ぶりのカレー唐揚げ

カレー味でお子さんでも魚をパクパク食べてくれるレシピ。
大人はお好みでレモンをしぼって、
ビールや日本酒片手にお召し上がりください。

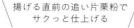
揚げる直前の追い片栗粉で
サクッと仕上げる

○ 材料（4人分）

ぶりの切り身
（一口大に切る）……… 4切れ（300g）
塩 ……………………… 小さじ1/2
　魚に塩をふってから洗い臭みをとる
カレールゥ麹 ……… 大さじ1と1/2
　魚にカレールゥ麹をまぶして漬けておく
片栗粉（もみ込む用）……… 大さじ3
片栗粉（まぶす用）…… 大さじ1と1/2
揚げ油 ………………………… 適量
お好みでレモン ……………… 適量

○ 作り方

1 ぶりにまんべんなく塩をふって
10分ほどおいてから水で洗い、
水気をふきとって臭みをとる。

　MEMO 塩をふって数分おくと、臭み
を含んだ水分が出てくるので、それを
洗い流すことで、臭みが抑えられて食
べやすくなる。

2 1のぶりにカレールゥ麹をまぶし
て1時間程度漬けてから、片栗粉
（もみ込む用）を全体にもみ込む。

3 フライパンに1cm程度の高さまで
揚げ油を入れて170℃に熱する。
ぶりに片栗粉（まぶす用）をまぶ
しながら、両面揚げ焼きする。お
好みでレモンを添える。

113

シーフードミックスで具だくさんカレーチャウダー

冷凍シーフードミックスで簡単に。
ゴロゴロの具材がたっぷりだから、
1品で栄養満点、ボリューミーなスープです。

○ 材料（4人分）

冷凍シーフードミックス		200g
A	水	200㎖
	塩	小さじ1

シーフードミックスを塩水につけて解凍する

玉ねぎ（大きめのみじん切り）	1/2個
かぼちゃ（小さめの角切り）	200g
ミックスビーンズ	50g
牛乳	300㎖
水	200㎖
カレールゥ麹	大さじ2
バター	10g
オリーブオイル	小さじ2〜お好みで

○ 作り方

1 冷凍シーフードミックスはAに入れて常温で30分〜1時間おいて解凍し、水気をふきとって臭みをとる。

2 鍋にオリーブオイルを入れて熱し、シーフードミックスを入れてさっと炒めてから一度とり出す。

> **MEMO** シーフードミックスは熱しすぎるとかたくなるので、一度とり出し最後に戻し入れる。

3 オリーブオイルを必要に応じて追加して、玉ねぎとかぼちゃを加えて2分ほど炒める。カレールゥ麹を入れて1〜2分炒め合わせたら、水を加えて蓋をし、煮立ったら弱火にして5分ほど煮る。

4 かぼちゃが煮えたらシーフードミックスを戻し入れて、ミックスビーンズも加えたら蓋をせず2分ほど煮る。牛乳とバターを加えて、沸騰直前で火を止める。

第四章

極上の

甘麹のレシピ

発酵による旨みもプラスされるので、料理に甘さだけでなく
奥行きも出してくれ、色々な料理の隠し味としても重宝します。
お肉や魚のメインから、副菜、おやつまで紹介しているので、
ぜひ作ってみてください。

極上の 甘麹 の作り方

極上に甘くおいしくするために、水の量を変えて何度も研究。これが最高においしい割合です。料理に使うのはもちろん、薄めて甘酒として飲むのも健康効果が抜群なのでおすすめです。

○ 材料（作りやすい分量）

生米麹 ……………………… 200g
水か60℃程度のお湯 …… 180ml
または
乾燥米麹 …………………… 200g
水か60℃程度のお湯 …… 280ml

生米麹の場合は麹に対して0.9倍の水、乾燥米麹の場合は麹に対して1.4倍の水が分量の目安。

○ 作り方

1 米麹と水をよく混ぜる

材料は2つだけ！
よ～くかき混ぜて

保存容器に米麹と水を入れてよく混ぜ合わせ、密閉せずに蓋をする。

基本の使い方

「 砂糖の
2～3倍量
で置き換える 」

甘味料 として使う

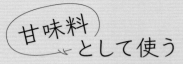

砂糖	甘麹
大さじ1 ⟶	大さじ2～3

が目安

砂糖やはちみつなどの代わりに、2～3倍を目安に置き換えて料理に使えます。甘みだけでなく旨み成分もたっぷりなので、料理の隠し味にもなる優れもの。ヨーグルトやシリアルの甘みづけにもおすすめ。

2 60〜62℃で発酵させる

甘さを作る酵素は60〜62℃で最も活発に働くので、ヨーグルトメーカーなどの発酵器で60〜62℃で6〜8時間発酵させる。1時間半〜2時間したら必ず1回かき混ぜて、その後はできれば2〜3時間おきにかき混ぜるのがおすすめ。
※甘麹は常温発酵では作れません。

よくかき混ぜて

足りない!?と思ったら…

途中で水分が

ギュッと押して
このくらいならOK

1時間半〜2時間後に水分が最も少なくなる。水分足りてない!? と思っても、まずは上下を返すようにかき混ぜて、米麹が水分に浸かるように上からギュッと押して（発酵が進むと少しずつ水分が戻ってくる）。米麹により吸水量に差があるので、上から押しても米麹が水から顔を出していたら、10ml程度から様子を見て水を足してみて。

3 米麹がやわらかくなったら完成

ブレンダー等でペースト状にすると使いやすい

とろみがついて米麹がやわらかくなり、しっかりと甘くなったらOK！ 密閉して冷蔵または冷凍保存してください。塩分が入っていないので、冷蔵保存で2週間を目安に使い切ってください。

冷蔵保存で
2週間
を目安に使い切って

甘酒 として飲む

2〜3倍を目安に
お好みの濃さで割る

水や牛乳、無調整豆乳、無糖のアーモンドミルクなどと割ると甘酒として飲めます。ビタミンやミネラルが豊富で、免疫力アップや血行促進、美肌、美髪効果も抜群。消化・吸収が良いので胃腸にも優しく、腸内細菌の餌にもなるので、腸活にもうってつけ。まさに「飲むおいしい点滴」です。

水・牛乳・豆乳等
好きなもので割るだけ

切り干し大根とおろし人参の ふわふわ腸活つくね

子どもの好きな甘じょっぱい醤油だれを、醤油麹と甘麹、
本みりんで。残った切り干し大根の煮物をつくねに
入れたことがきっかけで生まれた、腸活にもぴったり、
食物繊維たっぷりのレシピです。

\ 切り干し大根を刻む /

\ 材料をこねて成形する /

\ 焼いてたれをからめる /

○ 材料（4人分） 麹なしOK

A	鶏ひき肉（好みの部位でOK）	400g
	絹ごし豆腐	50g
	切り干し大根	乾燥した状態で30g
	人参（すりおろす）	1/2本
	塩麹、醤油麹	各大さじ1
	（塩小さじ1/2、醤油小さじ2で代用OK） 塩麹の作り方はP.22、醤油麹の作り方はP.44	
	片栗粉	大さじ1と1/2
B	醤油麹	大さじ3
	甘麹、本みりん	各大さじ1と1/2

（Bは醤油大さじ2、砂糖と本みりん各大さじ1で代用OK）

ごま油	適量
お好みで大葉	適量

○ 作り方

1 Aの切り干し大根はぬるま湯につけてもどしたら、水気を絞り、
できるだけ細かく刻む。

> MEMO 細かく刻んで入れることで子どもも食べやすくなる。

2 Aをボウルに入れて、手早くよくこねて8等分にする。手にごま
油をつけて成形する。

3 フライパンにごま油を熱し、2を入れて焼く。片面に焼き色がつ
いたらひっくり返して、蓋をして弱中火で蒸し焼きする。

4 Bを混ぜてから加え、つくねにからめながら熱し、軽く煮詰める。
お好みで大葉と一緒に食べるのもおすすめ。

お砂糖なしで作る サワラの甘味噌煮

甘麹で、しっかり甘いけれどくどくない、深みのある味わいに。「副菜を1品作る代わりに、野菜も一緒に煮てしまえ！」ラクして栄養をプラスしたい母心の表れたレシピです。

◯ 材料（4人分）

サワラの切り身	4切れ（300g前後）
塩	小さじ1/2

魚に塩をふってから洗い臭みをとる

人参（輪切り）	1/2本
エリンギ（薄切り）	1本

A
甘麹	大さじ4
（砂糖大さじ1と1/2で代用OK）	
味噌	大さじ3
本みりん	50㎖
しょうがスライス	1枚
長ねぎの青い部分	1本
酒	30㎖
水	200㎖

お好みで白すりごま、ごま油 —— 各適量

◯ 作り方

1 サワラはまんべんなく塩をふって10分ほどおき、水で洗って水気をしっかりふきとり臭みをとる。

2 Aを混ぜてからフライパンに入れて、人参も加えて火にかける。沸騰したら1のサワラとエリンギも加えて、落とし蓋をして弱中火で10分ほど煮る。

MEMO 落とし蓋は穴を開けたクッキングシートで代用OK。

3 落とし蓋をとり中火にし、煮汁をまわしかけながら5分ほど煮詰める。野菜はしょっぱくなりそうであれば、先にとり出す。器に盛りつけたらお好みで白すりごまをふり、ごま油をかける。

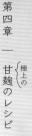

オクラとブロッコリーの麹ごまあえ

麹の味が苦手な方でも、おいしく食べられるクセのない仕上がり。
ほうれん草や人参、レンコン等、お好きな野菜でアレンジは無限大です。

○ 材料 (作りやすい分量)

オクラ	16本
またはブロッコリー	1株
A 甘麹、醤油麹	各大さじ1
醤油麹の作り方はP.44	
白すりごま	大さじ2

○ 作り方

茹でたオクラやブロッコリーと、混ぜ合わせたAをボウルであえる。

MEMO 甘めの味つけなので、甘さを抑えたい場合は甘麹を控えめにしてもOK。お好みで少量のごま油を混ぜてもおいしい。

甘麹：醤油麹：すりごま＝1：1：2のレシピですが、
ささみなど肉を入れるときはしっかりめの味がおいしいので
甘麹：醤油麹：すりごま＝1：1：1を目安に。

①罪悪感0のごまアイス

黒ごま

白ごま

驚くほどおいしい 4種の甘麹アイス

「毎日食べても罪悪感がない！」と大反響の話題のレシピです。
「お豆腐どこ！？　甘麹どこ！？」材料からは想像できない、びっくりするほどおいしいアイス。
バナナのアイスは、バナナと甘麹のバランスにこだわり抜きました。

○ 材料（作りやすい分量）

①罪悪感0のごまアイス

甘麹、絹ごし豆腐または無調整豆乳 ───── 各100g

　（甘麹ははちみつ30〜40gで代用OK）

白ごままたは黒ごま ───────────── 大さじ1

　（ごまは、すりごま、いりごま、ねりごまどれでもOK）

②罪悪感0のきなこアイス

甘麹、絹ごし豆腐または無調整豆乳 ───── 各100g

　（甘麹ははちみつ30〜40gで代用OK）

きな粉 ─────────────────── 大さじ1

③バナナミルクアイス

甘麹 ──────────────────── 180g

　（はちみつ60〜70gで代用OK）

牛乳 ──────────────────── 180mℓ

バナナ ───────────────── 1本（100g）

④バナナチョコアイス

甘麹 ──────────────────── 180g

　（はちみつ60〜70gで代用OK）

牛乳 ──────────────────── 180mℓ

バナナ ───────────────── 1本（100g）

ココアパウダー ──────────── 小さじ2〜3

②罪悪感ゼロのきなこアイス

④バナナチョコアイス　③バナナミルクアイス

○ 作り方

1 それぞれの材料をミキサーにかけ、しっかりと空気を含ませてから
容器に入れる。冷凍庫に入れたら1〜2時間おきにしゃりしゃりと
した粒を押しつぶしながら、空気を含ませるようにかき混ぜる。

2 固まったら食べる前に少し溶かしてよく混ぜる。そうすることで
なめらかな食感に。

①と②は豆腐のほうがよりなめらかな食感になり、
豆乳のほうが大豆の風味を感じにくいです。

123

ふわっと もちっと 甘麹と米粉のパンケーキ

配合から焼き方まで研究し尽くした、甘麹と米粉を使った優しい甘さのパンケーキ。
米粉は吸水率の低いタイプがおすすめです。

○ 材料（5〜6cm大　12枚分）

米粉	120g
卵	1個
無調整豆乳または牛乳または水	40㎖
甘麹	60g
塩	ひとつまみ
ベーキングパウダー	5g

より甘くしたい場合は、生地にメープルシロップを10g加えて

> 甘麹と米粉を使ったパンケーキは中が生焼けになりやすいので、最後に弱火で蒸し焼きにして中まで火を通します。最初から弱火だと膨らみが弱くなるので、最初に弱中火で両面を焼くのがふわっと仕上げるポイントです。火加減はフライパンに合わせて焦げないように調整してください。

○ 作り方

1　ボウルに卵を割り入れて泡立て器で混ぜたら、甘麹、無調整豆乳または牛乳または水を入れて混ぜる。米粉、塩を加えてさらに混ぜる。最後にベーキングパウダーを加えて手早く混ぜる。

2　フライパンを熱してしっかり温まったら、一度火を止めて20秒ほど待つ。弱中火で再び火をつけ、大さじ1程度ずつ生地を入れて焼く。数分焼いて表面にプツプツと穴があいたらひっくり返し、一呼吸おいて生地が少し膨らんだのを確認してから、蓋をして弱火で数分焼く。

3　次の生地を焼くときは、再度弱中火にして同様に焼く。

おわりに

　私が麹と出会ったきっかけは、妊娠・出産に伴うトラブルに悩んでいたとき、
産婦人科の先生に「発酵食品がいいよ」と教わったことです。それから腸活に興味をもち、
資格をとって麹を生活にゆるりととり入れてきました。

　そして長男の離乳食、幼児食が進んでいくなかで、「シンプルな原材料の調味料を使いたい」
という気持ちが芽生え、コンソメや鶏ガラスープの素など
「いつもの調味料と同じ感覚で使える麹調味料が欲しい」と思ったのをきっかけに、
麹調味料作りをはじめました。

　麹調味料に興味をもったり、生活にとり入れたりしている方の多くが
「腸活や健康のため」だと思います。「腸は第二の脳・腸は健康の要」と言われるように、
腸内環境を整えることは私たちの心と身体の健康にとって、とても大切です。
ただ、私が一番大事だと思うことは「腸活にストレスは大敵」だということです。
ストレスは腸内環境に悪い影響を与えてしまいます。
なので、「麹調味料を仕込まなきゃ! あれもこれもやらなきゃ!」と、
腸活自体がストレスになってしまっては本末転倒です。

そんな思いから、この本には、麹調味料を市販の調味料に
置き換えて作れる代用レシピもできる限り記載しました。
もちろん、塩麹や醤油麹、甘麹（濃縮甘酒）などは市販で売られているもので作ってもOK。
いつか麹調味料を作りたいけれど今はまだできない、という方も、
麹調味料を切らしていてなかなか仕込む時間をとれないときも、
ご自身のライフスタイルに合わせて、無理なく楽しくできるところから
はじめてもらえたらうれしいです。

「『ゆる腸活』をモットーに『頑張りすぎない』で
『おきらくに』使っていただけるレシピ本にしたい。
そして、皆さんの麹調味料のハードルが少しでも下がって、
いつもの食事に楽しみながら麹をとり入れるきっかけになったらいいな」
そんな思いを込めて丁寧に、そして私も楽しみながらこの本を作りました。
この本との出会いが、皆さんにとって豊かな麹ライフのきっかけになれば幸いです。

最後に、この本が出版できたのも、いつも応援してくださっている皆様のおかげです。
この場をお借りして、感謝の気持ちを伝えさせてください。本当にありがとうございます。

のんすけ

のんすけ

食育栄養コンサルタントや腸育コンシェルジュ、ベビーフードインストラクター、幼児食マイスターなど様々な資格をもつ2児の母。「頑張りすぎない、でもちゃんとおいしい。」をモットーに、日々家族のために麹調味料を使った手軽でおいしいレシピを考案している。SNSでは、麹調味料があってもなくてもマネできる再現性の高いレシピを発信。同じ子育て世代の親から大きな反響を得ている。家族と一緒に食べられる、健康的で満足度の高い麹調味料レシピは必見！

Instagram, TikTok：@nonsuke__
レシピサイト：https://nonsuke-kitchen.com/
（2023年9月現在）

家族でおいしい、身体うれしい！
おきらく麹ごはん

2023年10月26日　初版発行
2024年 3 月20日　 6 版発行

著者	のんすけ
発行者	山下 直久
発行	株式会社KADOKAWA
	〒102-8177　東京都千代田区富士見2-13-3
	電話 0570-002-301（ナビダイヤル）
印刷所	図書印刷株式会社
製本所	図書印刷株式会社

本書の無断複製（コピー、スキャン、デジタル化等）並びに無断複製物の譲渡および配信は、著作権法上での例外を除き禁じられています。また、本書を代行業者等の第三者に依頼して複製する行為は、たとえ個人や家庭内での利用であっても一切認められておりません。

●お問い合わせ
https://www.kadokawa.co.jp/（「お問い合わせ」へお進みください）
※内容によっては、お答えできない場合があります。
※サポートは日本国内のみとさせていただきます。
※Japanese text only

定価はカバーに表示してあります。

©nonsuke 2023 Printed in Japan
ISBN 978-4-04-606555-1　 C0077